Vertriebsmanagement 2020/2021
Firmenkundengeschäft in Banken und Sparkassen

© 2020 Thies Lesch

Verlag und Druck: tredition GmbH, Halenreie 40-44, 22359 Hamburg

ISBN
Paperback: 978-3-347-17949-3
Hardcover: 978-3-347-17950-9
e-Book: 978-3-347-17951-6

Vertriebsmanagement 2020/2021
Firmenkundengeschäft in Banken und Sparkassen

Dipl.-Kfm. Thies Lesch, LL.M. – Hamburg, November 2020

Inhaltsverzeichnis

Vorwort von Dr. Jürgen Weimann

Unsere Welt wandelt sich. Während ich dieses Vorwort schreibe, ist die COVID-19-Pandemie in vollem Gange. Doch nicht erst als Folge der Pandemie, sondern bereits seit der Finanzkrise im Jahre 2008/2009 steht das Geschäftsmodell von Banken und Sparkassen unter massivem Druck. Die anhaltende Minuszinspolitik, die ansteigenden Kosten durch die regulatorischen Anforderungen sowie die stärker werdende Konkurrenz durch FinTechs und Nonbanks lassen die Betriebsergebnisse bedrohlich sinken. Hinzu kommt, als massiver Treiber der Veränderung, das sich stetig verändernde Kundenverhalten. Während die Anforderungen an Banken und Sparkassen laufend steigen, müssen diese Herausforderungen mit deutlich weniger Mitarbeitern gemeistert werden. Auch wenn die Konsequenzen aus der Pandemie zum jetzigen Zeitpunkt noch nicht vollständig absehbar sind, sicher ist: der betriebswirtschaftliche Druck wird weiter steigen.

Doch haben Banken und Sparkassen in diesem Marktumfeld dann noch eine Zukunft?
Ja. Die Institute, die es schaffen, die trotz Krise vorhandenen Chancen aktiv zu nutzen und die gesamte Organisation in Richtung Kunde auszurichten, werden auch zukünftig am Markt bestehen können. Gerade in Krisenzeiten ist die Nachfrage nach Lösungen für finanzielle Bedürfnisse größer denn je. Die Aufgaben auf dem Weg zu diesem Ziel sind jedoch mannigfaltig. Es gilt, umständliche, teils behördlich anmutende Vorgehensweisen durch einfache, vom Kunden aus gedachte Abläufe mit intelligenter Technologienutzung zu ersetzen.

Das vorliegende Buch von Thies Lesch liefert hierfür wertvolle Impulse. Es vereint eine große Bandbreite an Themen aus seinem Vertriebsmanagement-Blog, dessen begeisterter Leser ich bin. Durch den modularen Aufbau, die Vielzahl an kurzen, prägnanten Impulsen und die eingängige Sprache, eignet es sich hervorragend als Nachschlagewerk zur Inspiration.

Ich wünsche Ihnen viel Freude beim Lesen und viel Energie für Ihre zu treffenden Entscheidungen auf dem Weg in Richtung Zukunft.

Dr. Jürgen Weimann

Geschäftsführer der JürgenWeimann.Consulting GmbH /
Autor „Service Excellence im deutschen Bankenmarkt"

Einleitung

Mein Weg ins Vertriebsmanagement begann genau genommen im Jahr 2002. Bis zu diesem Zeitpunkt war ich Analyst im Firmenkundenkreditgeschäft und hatte kurze Zeit zuvor ein Traineeprogramm absolviert. Als Bereichscontroller begann ich dann, mich in die Vertriebssteuerung einzuarbeiten. Viele weitere Stationen folgten und führten sukzessive weg von einer rein quantitativen hin zu einer qualitativen Orientierung.

Seit einigen Jahren verfasse ich immer wieder Beiträge mit Bezug zum Vertriebsmanagement auf den Social-Media Plattformen XING und/oder LinkedIn. Die Resonanz war je nach Themenfeld sehr heterogen, jedoch entwickelten sich vereinzelt sehr interessante Diskussionen.

Seit Anfang 2017 betreue ich im Norden Deutschlands einige Sparkassen aus der Rolle eines Verbundpartners heraus. Auf diese Weise habe ich einen breiten Einblick in das Firmenkundengeschäft der unterschiedlichen Sparkassen und vielfältige Kontaktpunkte in das Vertriebsmanagement bzw. zu den Führungskräften im Firmenkundengeschäft. Ich konnte beobachten, dass sehr viele Themen ähnlich gelagert sind - oder zumindest einzelne Facetten daraus - zu den Dingen, die mich in meiner Rolle davor umgetrieben haben. Dieser breite Blick, in Verbindung mit den eigenen Erfahrungen, hilft dabei Muster zu erkennen und die Sachverhalte zu generalisieren.

Dies hat mich motiviert, in Bezug auf meine Beiträge produktiver zu werden und das Ganze mit http://vertriebsmanagement.blog auf stabilere Beine zu stellen. Als Ergebnis soll diese Plattform vielfältige Impulse, Ideen und Perspektiven für Vertriebsmanager, Vertriebssteuerer, Berater und Führungskräfte im Vertrieb von Banken und Sparkassen bieten. Aufgrund meines persönlichen Werdegangs ist die Firmenkundenseite deutlich stärker ausgeprägt.

Ich freue mich, wenn meine Beiträge einen Nutzen stiften und vielleicht einen kleinen Anstubser geben, ein zähes Thema erneut anzugehen und/oder dabei helfen eine neue Perspektive einzunehmen. Dies führt dann auch zu diesem Buch, welches von vielen meiner Beiträge aus http://vertriebsmanagement.blog inspiriert ist. Ich glaube, dass durch ein Buch manche Aufbereitung etwas kompakter wird, ein Buch besser geeignet ist, noch einmal etwas in Ruhe nach zu lesen – und ein Buch mag auch andere Leser ansprechen, als der Blog.

Aus Gründen der Fairness und als Lesehilfe für die Beiträge möchte ich zunächst einen Teil meines Menschenbildes ausbreiten, das sich in der jahrzehntelangen Erfahrung verfestigt hat:

Wir reden seit Jahren und Jahrzehnten davon, dass der deutsche Markt für Bankdienstleistungen „overbanked" ist, das bedeutet, dass wir zu viele Banken in Deutschland haben und damit einhergehend zu viele Mitarbeiter. Dieser Trend wird durch die Digitalisierung verstärkt, wobei sich gleichzeitig auch die Anforderungen an die Mitarbeiter ganz erheblich verändern. Im Grundsatz muss jede Bank also Mitarbeiter abbauen und in einem kleineren Stil neue Mitarbeiter mit gänzlich anderen Profilen wieder einstellen. Dazu gehört eine Verschlankung in der Organisation, die tendenziell mit weniger Führungskräften auskommt. Karrierepfade verändern sich, werden unsicherer, sprunghafter - und die klassische Karriereplanung wird deutlich erschwert.

Die einzelnen Institute sind in dieser Gemengelage unterschiedlich weit und haben für sich auch unterschiedliche Vorgehen/Schwerpunkte gewählt. Die Negativzinsen wirken hier wie ein Brandbeschleuniger und auch die Corona-Virus Pandemie wird noch mal einen Turbo setzen.

Insgesamt muss man unterstellen, dass diese Rahmenbedingungen kulturprägend sind.

Hierdurch hat sich etwas herausgebildet, das ich „opportunistische Überlebensstrategie" nenne. Egal, ob es in Gedanken explizit ausformuliert ist, oder nicht - grundsätzlich verhält sich jeder Mitarbeiter so, dass er Teil des Systems bleibt und im System überleben kann.

Diese Überlebensstrategie eines jeden Einzelnen ist abhängig vom Typ, vom Charakter, von der aktuellen Aufgabe, von der Führungskraft und von den Kollegen. Die individuelle Überlebensstrategie unterscheidet sich somit zumindest in Teilen von der seiner Kollegen.

Die Überlebensstrategie wirkt darauf, wie ich mich neuen Themen nähere, wie ich meine Arbeit mache und wie ich mit Feedback bzw. Kritik umgehe. Das Hauptziel ist, sich keiner neuen Bedrohung zuzuwenden. Gleichfalls sollen die bestehenden Netzwerke möglichst nicht belastet werden. Im „positiven" Sinne möchte man sich unauffällig verhalten, also die Leistung bringen/Ziele erreichen und nicht unnötig anecken oder Probleme bereiten. Und nur dort wo es Chancen gibt, idealerweise risikolose Chancen, wird zugegriffen und geglänzt.

Wie gesagt, nicht jeder denkt explizit so, aber die Rahmenbedingungen führen am Ende im Mainstream zu einem derartigen Verhalten.

Diese Grundmuster führen zu einer erhöhten Skepsis und stärkeren Ablehnung von neuen Dingen bzw. von Veränderung. Die Führungsaufgabe wird dadurch anspruchsvoller, es muss anders und vor allem mehr kommuniziert werden. Gleichermaßen steigen hierdurch auch die Anforderung an das Vertriebsmanagement bzw. die Vertriebssteuerung, denn Transparenz über Kontext und Status ist wichtiger als jemals zuvor. Gleichzeitig ist die Transparenz, qualitativ wie quantitativ, notwendig, um die notwendige Konsequenz und Hartnäckigkeit für die Organisation an den Tag zu legen, um „den Öltanker zu wenden".

Abschließend möchte ich natürlich nicht verschweigen, dass meine Texte oftmals sehr zugespitzt sind und dadurch stärker schwarz/weiß oder digitaler wirken, als sie gemeint sind. Und natürlich ist mir klar, nur weil es irgendwo geschrieben steht und Transparenz über das Notwendige besteht, ist es nicht automatisch leicht oder ein Kinderspiel.

Rom wurde auch nicht an einem Tag errichtet und gerade in schwierigen und dynamischen Zeiten geht es insbesondere um die richtige Einstellung und Haltung. Es geht um Versuchen, Entwickeln und um Wachsen in der Aufgabe.

In diesem Sinne wünsche ich Freude und Ausdauer beim Wachstum!

Ich danke meiner Familie für Ihre Liebe, Geduld und Nachsicht bei der Verwendung meiner Zeit, sowie meinen (ehemaligen) Kolleginnen und Kollegen für die Zusammenarbeit, die zahllosen Gespräche und die damit verbundene Inspiration. Besonders danke ich dem Trainer Marc Laubsch, der mit einfachen Fragen immer wieder Denkmuster aufbrechen half und den ich mit dem Akzeptanzkanalmodell auch in diesem Buch ein kleines bisschen verewigt habe.

Thies Lesch, LL.M., Hamburg im Oktober 2020

http://vertriebsmanagement.blog

Die Entwicklung des Firmenkundenvertriebs in den Banken und Sparkassen

Das Firmenkundengeschäft bildet nicht nur den historischen Nukleus des Bankgeschäftes, sondern es ist auch heute noch ein zentrales Standbein von jeder Universalbank. In Deutschland war der wichtigste historische Wachstumsmotor für das Bankgeschäft die Industrialisierung, die in Deutschland erst in der Mitte des 19. Jahrhunderts an Fahrt aufnahm. Ab 1870 begann ein Gründungsboom an Unternehmen, wie an Banken. Erst in diesem Kontext wurden Depositenkassen gegründet – Zweigstellen von Banken, die ausschließlich dazu bestimmt waren Einlagen von (Privat-)Kunden entgegenzunehmen und so den wachsenden Kapitalbedarf der Industrie zu decken. In die gleiche Periode fällt der flächendeckende Aufbau des Sparkassennetzes sowie der Genossenschaftsbanken in Deutschland. Es entsteht damit die auch heute noch als 3-Säulen-Modell bekannte Marktstruktur der Universalbanken.

1961 wurde das Bundesaufsichtsamt für das gesamte Kreditwesen (BAKred) gegründet und bildete den Schlusspunkt für das Regulierungsmodell, dass bereits 1934 mit dem KWG - als Reaktion auf die Pleite der Danat-Bank am 13. Juli 1931 - begonnen wurde. Dieses Modell blieb bis in die neunziger Jahre hinein nahezu unverändert, trotz Herstatt Pleite - die ihrerseits den Beginn des Ringens um eine adäquate Einlagensicherung bildete.

Kulturell zeichnete sich der deutsche Markt für Firmenkundenkredite dadurch aus, dass es keine großartige Differenzierung im Pricing von Risiken gegeben hatte. Ein Unternehmer bzw. ein Unternehmen war entweder kreditwürdig – oder er bzw. es war es nicht. Die steuerlichen Rahmenbedingungen in Deutschland waren auch dergestalt, dass es keinen besonderen Anreiz gab, Gewinne zu thesaurieren. Also haben kreditwürdige Unternehmen auch gern und großzügig ausgeschüttet.

Die Einführung von Basel II (beginnend ab 2004) durch den BCBS und die veränderte Haltung der Unternehmen zu Ihrer Hausbank zwangen die Kreditinstitute zu einer risikoadjustierten Preisgestaltung ihrer Kredite. Basel II verlangte eine Eigenkapitalzuweisung (also eine Unterlegung), welche die Kreditrisiken (also das Risiko des erwarteten Verlustes aus dem Zahlungsausfall des Schuldners) berücksichtigt. Gleichzeitig begannen sich die Kunden für mehr Banken zu öffnen und ihr Geschäft aufzuteilen. Erst das durch Basel II verpflichtend eingeführte Rating für die Kreditnehmer führte in Deutschland zur Wiederkehr der alten Sichtweise, dass sich der Zins an der Gefahr des Zahlungsausfalles bemessen muss.

Bis zu dieser Zeit war der Kundenbetreuer für die Firmenkunden auch gleichzeitig meistens der erste Sachbearbeiter, der die Kundenanfragen und Kundenwünsche primär auf den Tisch bekam und bearbeiten musste. Die Gewinnung von vertriebsaktiver Zeit wurde bis zu den neunziger Jahren nur vereinzelt thematisiert; sie war in jedem Fall durch die Bindung mit den Sachbearbeitungsthemen in der Regel nicht ausreichend bemessen. Die Veränderung begann in der Breite durch die Einführung der Mindestanforderungen an das Kreditgeschäft (MaK), die nunmehr in den MaRisk aufgegangen sind. Es wurde eine Funktionstrennung etabliert, die Markt / Vertrieb von Risiko / Marktfolge bis in die Geschäftsleitung hinein aufteilen muss. Diese Funktionstrennung ist der institutionalisierte Grundstein der heutigen Rolle der Firmenkundenbetreuer, da die Schnittstelle zum Kunden einer Bank hierdurch von den zeitlich intensiven Tätigkeiten der Kreditsachbearbeitung ganz erheblich entlastet wurde.

Dieser individuelle Zugewinn an vertriebsaktive Zeit – auf Institutsebene mag es sich durchaus nivellieren - trifft auf eine Vertriebskultur, die über Jahrzehnte gewachsen ist und kaum Erfahrungen damit hat, aktiv auf den Kunden zuzugehen bzw. diese neuen zeitlichen Ressourcen proaktiv zu nutzen. Kulturell war man das Antragsgeschäft gewohnt, das heißt: der Kunde kam zur Bank und sagte was er wollte, bzw. bat darum. Kredite wurden nicht verkauft, sie wurden nachgefragt. Zusätzlich hat dieses Marktbearbeitungsmodell dazu geführt, dass die Hauptaufmerksamkeit auf Kunden lag, die sich in irgendeiner Form bemerkbar gemacht haben. Unauffällige oder stille Kunden wurden tendenziell ignoriert.

Basel II und Basel III haben den Banken geholfen, im Kreditrisiko nicht nur in Schwarz und Weiß zu denken, sondern auch die Graustufen dazwischen zu erkennen und vor allem differenzierter zu bepreisen. Die zwingend notwendige Profitabilisierung des Firmenkundengeschäftes wurde so in Angriff genommen – allerdings muss man konstatieren, dass sich auf der Kundenseite zeitgleich erhebliche Veränderungen aufgetan haben. So gab es verschiedene Vorstöße des Staates, um die Thesaurierung von Gewinnen attraktiver zu gestalten. Die Unternehmen haben angefangen ihre Kapitalquoten zu steigern und somit an Unabhängigkeit von und Selbstbewusstsein gegenüber ihren Banken gewonnen. Auch die Unternehmer verstehen heute, welche Maßnahmen sich wie auf die Bonität des Unternehmens auswirken und agieren entsprechend. Also hat auch die Professionalität der Kunden in der Breite ganz erheblich zugenommen.

Damit steigt das Anforderungsniveau an jede Bank bzw. an jeden Firmenkundenberater und gleichzeitig steigt auch der potentielle Wettbewerb zwischen den Banken, wenn Kunden auf der einen Seite selbstbewusster werden und auf der anderen Seite einen geringeren Fremdfinanzierungsbedarf als in der Vergangenheit vor sich her tragen. Marktzyklen können diese Entwicklung vorübergehend abfedern oder auch verstärken - aber eben nur vorübergehend.

Hinzu kommt, dass mit der nunmehr aktiven Bewirtschaftung des Eigenkapitals einer Bank der zusätzliche Verkauf von Dienstleistungen und weiteren Produkten (Cross Selling) an die Kunden einen deutlich gewachsenen Stellenwert bekommen hat. Ausgehend von einem Kredit oder einer Betriebsmittellinie als Ankerprodukt sollen und werden weitere Kundenbedürfnisse identifiziert, adressiert und abgedeckt. Diese Entwicklung ist in den Instituten bzw. Institutsgruppen recht heterogen verlaufen, allerdings ist davon auszugehen, dass Wettbewerbsdruck und Digitalisierung mittelfristig zu einer tendenziellen Harmonisierung führen müssen.

Die Firmenkunden bleiben eine heterogene Kundengruppe, gerade auch im klassischen deutschen Mittelstand, mit ihrerseits hohen Anforderungen an ihre Bank und ihren Berater. Wir erleben Verschiebungen in der Produkt- und Wettbewerbslandschaft, sowohl durch Digitalisierung und FinTechs, wie auch durch veränderte Marktteilnehmer. So ist beispielsweise das Teilsegment der fremdfinanzierten mobilen Ausrüstungsinvestitionen inzwischen (seit der Finanzkrise 2008) deutlich in der Hand der sogenannten Captives, der herstellergebundenen Leasinggesellschaften, und der Kreditfinanzierer, die entweder herstellergebunden sind oder eine POS-Kooperation mit einem Händler eingegangen sind. In diesem Teilmarkt gehen bereits über 50 % des Marktes an den Universalbanken vorbei

Ein Marktbearbeitungsmodell mit einem Antragsgeschäft als Mittel- oder Ankerpunkt hat seinen Zenit deutlich überschritten und ist zwingend ein Auslaufmodell!

Vertriebsmanagement

Außerhalb der Finanzdienstleistungen ist das Vertriebsmanagement klassische Führungsarbeit von Vertriebsführungskräften. Die besondere Komplexität (Produktvielfalt, Regulatorik, Risikomanagement, Prozesse) rechtfertigt in Banken und Sparkassen die Trennung von operativen Vertrieb und strategischem Vertrieb/Vertriebssteuerung. Gleichwohl hat jeder Organisation ihren eigenen Weg gefunden bei der Schaffung einer speziellen Funktion für die Vertriebssteuerung bzw. für das Vertriebsmanagement. Wie bei jeder Spezialisierung gibt es auch hier das Gefühl des Generalisten, dass ihm etwas weggenommen wurde. Der Nutzen aus der Spezialisierung muss also größer sein als der Phantomschmerz des Verlustes. Aus dieser Perspektive schaut jeder Mitarbeiter auf eine neue Einheit mit Spezialisten, so auch auf das Vertriebsmanagement. So mag es noch vergleichsweise einfach sein, den Führungskräften den Nutzen der Vertriebsmanagementspezialisten nahe zu bringen, in der Breite der Belegschaft mag es schon etwas schwieriger sein.

Das Vertriebsmanagement muss also in der Organisation aktiv positioniert und der Nutzen klar und deutlich herausgestellt werden. Wichtig ist, dass das Vertriebsmanagement sich als Führungswerkzeug begreift nicht als Führungsersatz.

Vertriebsmanagement in Banken und Sparkassen: Vertriebsunterstützung oder Vertriebssteuerung?

Anders als im Standardgeschäft (Privatkunden und Geschäfts-/Gewerbekunden), wo der Vertrieb eine stark auf Umsetzung ausgeprägte Aufgabenstellung hat, ist es im Individualgeschäft (Private Banking und Firmen-/Unternehmenskunden) deutlich anspruchsvoller, eine wertstiftende Positionierung für das Vertriebsmanagement herauszuarbeiten. Die Herausforderungen liegen nicht nur in den komplexeren Kundenstrukturen bzw. Kundenverbünden, die in Hinblick auf Datenqualität schwerer sauber zu halten sind aber auch in Gänze schwerer strukturiert auszuwerten (und zu analysieren) sind, sondern auch - getrieben durch die anspruchsvolleren Kundenbedürfnisse - in der unterschiedlichen Arbeitsweise des Vertriebes.

Der Vertrieb beansprucht und benötigt im Individualgeschäft deutlich höhere Freiheitsgrade als im Standardgeschäft. Diese Freiheitsgrade erstrecken sich sowohl auf die Auswahl der angebotenen Produkte bzw. Produkteigenschaften und -merkmale, als auch in der Potenzialerkennung und Ansprache der Kunden.

Produktinduzierte Kampagnen führen erfahrungsgemäß im Individualgeschäft zu einer niedrigeren Erfolgsquote, als im Standardgeschäft bei vergleichbar intensiver Datenanalyse und Vorbereitung

Im Individualgeschäft wird eine gute Vorbereitung für eine Vertriebsaktion nur dann gelingen, wenn ein Mensch mit expliziter Kenntnis des Kunden (also der Betreuer) in eben diese Vorbereitung mit eingebunden ist. Dies führt zu einem etwas ausgeglichenen "Kräfteverhältnis" zwischen Gesteuerten und den Steuerern. Aufgrund der Informationsasymmetrie kann die Vertriebssteuerung bzw. das Segmentmanagement im (Individual-)Firmenkundengeschäft nur die Mitarbeiter steuern, die sich auch steuern lassen wollen.

Somit wird die Akzeptanz des Vertriebsmanagement im Firmenkundengeschäft zu einem besonders kritischen Erfolgsfaktor.

Um die Akzeptanz zu stärken, muss es Vertriebsmanagement Aufgabenfelder und Themen besetzen, die jeweils auf eines oder mehrere der folgenden drei Säulen einzahlen:

1. hoheitliche Aufgaben
2. Vertriebssteuerung
3. Vertriebsunterstützung

„Hoheitliche Aufgaben" sind Zuständigkeiten, die von einer höheren Instanz an das Vertriebsmanagement delegiert sind. Aus diesen Aufgaben werden Entscheidungsbefugnisse und Kompetenzen abgeleitet und gleichzeitig wird das Vertriebsmanagement damit fest auf der Landkarte (Perspektive: Organigramm, schriftlich fixierte Ordnung) in der Bank oder Sparkasse verankert.

Vertriebssteuerung, bzw. das Segmentmanagement, ist das eigentliche Kernfeld des Vertriebsmanagements. Als groben Überblick, lässt sich konstatieren, dass die Vertriebssteuerung sich in drei große Handlungsfelder einteilen lässt. Dies sind im Einzelnen:

- Reduktion von Kosten, das heißt den Vertrieb billiger zu machen
- Steigerung von Erträgen, das heißt mehr zu verkaufen
- Steigerung der Vertriebsqualität, das heißt die vorhandenen Ressourcen besser und effizienter zu nutzen (vereinfacht: die Hit-Ratio zu steigern und/oder mehr erfolgreiches Cross Sell zu betreiben)

Vertriebsunterstützung sind all die Themen und Aufgaben, durch die ein Vertriebsmitarbeiter, ein Kundenbetreuer Unterstützung und Entlastung in seinem Tagesgeschäft erfährt. Über die vertriebsunterstützenden Tätigkeiten kann das Vertriebsmanagement operative und empathische Nähe zum Vertrieb erzeugen, bis zu einer gewissen Grenze auch die Akzeptanz stärken oder unterstützen.

Dieser Dreiklang es wichtig, um das Vertriebsmanagement sowohl mit den notwendigen Kompetenzen auszustatten als auch gleichzeitig die vertriebliche Ausrichtung in den Vordergrund zu stellen. Ein ausschließlich auf Steuerung ausgerichtetes Vertriebsmanagement wird von dem Vertrieb als verlängerter Arm der Finanzabteilung bzw. der Banksteuerung wahrgenommen, und nicht als ureigenes Werkzeug des Vertriebes. Gleichzeitig muss es im Vertrieb jemanden geben, der (auch) unbequeme Wahrheiten ansprechen kann, ohne dass es als Belehrung oder Schlaumeierei empfunden wird. Es geht in der Vertriebssteuerung (idealerweise) nicht um richtig oder falsch, sondern um die kontinuierliche Verbesserung und Optimierung (und Aktivierung) – insofern ist die konstruktive Grundhaltung aller Beteiligten entscheidend

Eine wichtige Aufgabe für das Vertriebsmanagement im Firmenkundengeschäft ist die **Verantwortung für den Vertriebsprozess** zu reklamieren. Je nach Ausgestaltung kann diese Aufgabe in alle drei Säulen einzahlen. Es ist in jedem Fall eine hoheitliche Aufgabe. Über die Definition von Messpunkten im Vertriebsprozess kann eine Steuerung aufgebaut werden, die sich an den Aktivitäten der einzelnen Betreuer orientiert. Dies zahlt somit auf die zweite Säule ein, ohne notwendige Freiheitsgrade der Berater zu beschneiden. Letztlich mag es auch Prozessschritte in einem Vertriebsprozess geben, in dem das Vertriebsmanagement unterstützt, um so zusätzlich auf die dritte Säule einzuzahlen.

Ebenfalls wichtig für das Vertriebsmanagement ist es, die **Zuständigkeit für die Preispolitik** zu reklamieren. Dies kann sich in Mindestmargen für das Kreditgeschäft niederschlagen oder aber auch in Standardpreisen und Konditionskompetenzen (für eben zulässige Abweichungen von diesen Standardpreisen) für weitere Produkte/Produktfelder. Es muss nicht so sein, dass das Vertriebsmanagement die alleinige Entscheidungskompetenz über die Preispolitik innehat, aber es muss das Initiativrecht für Veränderungen haben und die entsprechenden Abstimmungs- und Entscheidungsprozesse im Haus moderieren. Über Preise und Preisfindung ist ein laufender Austausch mit dem Vertrieb in der Breite nahezu garantiert.

Abschließend muss das Vertriebsmanagement sicherstellen, dass es eine **permanente Nähe zum Grundgeschäft** des betreuten Verantwortungsbereiches hat. Das bedeutet im Firmenkundengeschäft mit klassischem Kreditschwerpunkt, dass das Vertriebsmanagement laufend das **Kreditneugeschäft** im Blick hat. Das kann über ein zentrales Pipelinemanagement erfolgen, über Genehmigungsprozesse für Neugeschäft, etc. - es muss nur so zentral sein, dass das Vertriebsmanagement eingebunden wird. Damit diese Einbindung auch reibungsloser (und freiwillig) erfolgt, ist es geschickt, wenn diese mit einer Unterstützungsleistung (z.B. Vorprüfung, Beratung, etc.) für den jeweiligen Vertriebskollegen verbunden wird

Die Antwort auf die Eingangsfrage ist also: **beides - aber das Mischungsverhältnis wird immer individuell sein**!

Komplexitätsreduktion durch Vertriebsmanagement

Der Vertrieb in Banken und Sparkassen hat sich in den letzten Jahren und Jahrzehnten ganz erheblich gewandelt.

Beispielhaft, jedoch nicht abschließend, sind zu nennen:

- die Zahl der Ziele und Zieldimensionen die beachtet werden müssen, haben sich deutlich erhöht. So gibt es manche Ziele, die einander sogar zumindest teilweise widersprechen oder sich behindern (bspw. Margenausweitung im Aktivgeschäft bei gleichzeitiger EK-Schonung oder Reduktion)
- darüber hinaus hat die Produktvielfalt - und damit meine ich sowohl die Anzahl der verschiedenen Produkte als auch die möglichen Produktvarianten - ganz erheblich zugenommen
- die administrativen Anforderungen auf den vertrieblichen Arbeitsplätzen, die nicht unmittelbar (indirekt natürlich sehr wohl!) mit der Be- oder Abarbeitung von verkauften Produkten zusammenhängen sind ebenfalls gewaltig angestiegen, oftmals verpackt in das „Totschlagargument", dass es sich hierbei um regulatorischen Anforderungen handelt (u.a. GwG, KYC).

Vielfach haben die Berater das Gefühl mit diesem Spagat mehr oder weniger alleine gelassen zu werden. Jeder von uns kennt Sprüche wie „Das eine tun, ohne das andere zu lassen!" Die gestiegene Gesamtkomplexität der Organisation findet quasi ungefiltert ihren Niederschlag auf den Arbeitsplätzen des Vertriebes - gleichzeitig wuchsen Erwartungen und Druck im Hinblick auf eine quantitative Zieler-reichung.

(Das obendrauf dann noch möglicherweise ein Leitbild kommt, dass den Mitarbeiter als eigenverant-wortlichen Unternehmer im Unternehmen sieht, trägt in diesem Kontext nicht wirklich zur Klarheit und zur Orientierung für die einzelnen Mitarbeiter bei.)

Unter solchen Rahmenbedingungen dürfen sich Führungskräfte nicht darüber beklagen, dass sie keine Wirkung entfalten, denn oftmals bieten sie den Mitarbeitern keinen Richtungsimpuls sondern stellen in deren Wahrnehmung lediglich eine zusätzliche Anforderung oder Aufgabe, die den Strauß an Komplexität weiter erhöht.

Es ist diese Komplexität, die dazu führt dass das Unternehmen – die Bank oder Sparkasse – ein Wendeverhalten wie ein Öltanker bekommen hat.

Ein wichtiger Beitrag hier gegenzusteuern liegt in dem Vertriebsmanagement

Diese Einheit ist ebenfalls Teil des Marktes, bzw. des Vertriebes und hat insbesondere die Aufgabe die **Vertriebsstrategie weiterzuentwickeln** (gemeinsam mit dem Vertrieb) und dann vor allem diese **Strategie zu operationalisieren.**

Auf diese Weise gelingt eine Priorisierung der Ziele und Aktivitäten, es wird die Aufmerksamkeit auf die jeweils nächsten notwendigen Schritte gelegt und über das Vertriebsmanagementkonzept werden die notwendigen Themen fokussiert und verstetigt. Damit leistet das Vertriebsmanagement einen wesentlichen und kritischen Beitrag zur Steuerung des Vertriebes.

Das Vertriebsmanagement insgesamt ist jedoch ein Steuerungsinstrument und lässt die Ver-antwortung dort, wo sie originär hingehört. Allerdings setzt das Vertriebsmanagement auch dort eigene Steuerungsimpulse, wo die vereinbarten Spielregeln oder der vereinbarte Rahmen droht verlassen zu werden.

Wenn das Vertriebsmanagement richtig aufgesetzt ist, dann bleibt die Komplexität der Organi-sation jeweils dort wo sie hingehört – und im Umkehrschluss bedeutet dies weniger Komplexi-tät auf den Arbeitsplätzen des Vertriebes, und damit mehr Schlagkraft und mehr vertriebsaktive Zeit.

Zur Philosophie der Vertriebssteuerung

Ich höre häufige Sätze wie:

- "Die Anforderungen, die an uns gestellt werden, sind so vielschichtig und vielseitig, dass muss die Steuerung umfassend abbilden."
- "Der Mitarbeiter muss die Rahmenbedingungen in denen wir uns bewegen verstehen und in seinem Handeln berücksichtigen!"

Ich persönlich glaube: **"Das stimmt nicht!"**

- **Der Mitarbeiter ist Mitarbeiter und nicht der Unternehmer.**> Das gilt sowohl für die Maße an Verantwortung, an Risikonahme sowie an Ergebnisbeteiligung.
- **Komplexität durchzureichen ist die Haltung eines Opfers, nicht die eines Gestalters.** Mitarbeiter benötigen einen (real erlebbaren) Kontext, um einen Standpunkt und eine gewünschte Richtung zu identifizieren. Die Mitarbeiter müssen nicht die Geheimnisse des Universums miteinander in den Pausen diskutieren.
- **Modelle bilden nicht die Wirklichkeit ab**, sondern nur einen bekannten und definierten Ausschnitt davon. Modelle werden oftmals falsch, wenn das bewährte Terrain verlassen wird.
- **Zahlen sind Konvention, nicht die Wahrheit.** Wir neigen - vielleicht auch ein Stück weit kulturell bedingt - dazu, den Zahlen zu viel Gewicht zu geben. Wir lassen uns von der gefühlten Objektivität der Zahlen erdrücken. Es kommt jedoch auf den Kontext an - und die zugehörigen Ziele und Steuerungsmechanismen.
- **Die Steuerung dient der Aufgabenstellung, nicht die Aufgabenstellung der Steuerung!** Auch die Steuerung muss regelmässig hinterfragt und überprüft werden, ob sie noch der Erfüllung der Aufgabe in angemessener Weise dient. Die Vertriebssteuerung oder die Banksteuerung sind nicht die heilige Inquisition.

I. **Ziele definieren** (dabei: Widersprüche zwischen Teilzielen auflösen und Zielfelder gegeneinander priorisieren. Ggfs. untergeordnete Ziele als Nebenbedingungen definieren.)

II. **Führungssystem entwickeln und vereinbaren**

III. **Umsetzen**

Die drei wichtigsten Fragen im Top-Management sind:

1. was will ich erreichen?
2. was will ich **wirklich** erreichen?
3. was will ich **wirklich wirklich** erreichen?

Der Rest sind Fleiß, Transparenz, Augenmaß und Verbindlichkeit.

Vertriebssteuerung ist nicht nur sinnvoll - die Mitarbeiter im Vertrieb haben sogar ein Recht darauf!

Wenn ich mit Kollegen über eine Einführung oder Weiterentwicklung der Vertriebssteuerung spreche, dann schaue ich zumeist in eher ernste oder zurückhaltende Gesichter. Ich höre dann oftmals „Aber wir machen doch schon so viel!" oder „Mehr Druck bringt nichts!"

Demnach scheint es also ein weitverbreitetes - falsches - Bild von Vertriebssteuerung zu geben, das sich im Kern auf mehr Druck und mehr Aktivitäten reduzieren lässt.

Aufgaben der Vertriebssteuerung sind es, auf Basis eines einheitlich definierten Vertriebsprozesses sämtliche Prozessschritte - dort wo es möglich ist - über KPI zu messen. Dem liegt die Erkenntnis zugrunde, dass wenn ich ausschließlich auf Vertriebserfolg im Sinne von abgeschlossenen Geschäften und vereinnahmten Erträgen schaue, dann eben auch nur in den Rückspiegel blicke. Es reicht also nicht aus, ausschließlich auf den Output abzustellen, sondern auch der Input muss beobachtet und womöglich optimiert werden.

Die Vertriebssteuerung muss also auf der Zeitachse vom Abschluss, vom Verkauf, zurück wandern - und neben Effizienzgesichtspunkten ist genau dafür der einheitlich definierte Vertriebsprozess notwendig. Ich muss einen sprachlichen und prozessualen Konsens darüber haben, an welchem Punkt befinden wir uns gerade auf dem Weg vom Ansatz, von der ersten Idee, zum Abschluss mit dem Kunden

Damit führt die Vertriebssteuerung erst einmal zu mehr Transparenz. Dieses Mehr an Transparenz ermöglicht es auch andere Ziele zu vereinbaren, denn es stehen andere Kennzahlen die gemessen werden können zur Verfügung. Auf diese Weise ermöglicht die Vertriebssteuerung ein Blick auf Aktivitäten im Vertrieb

In jedem Fall führt die Vertriebssteuerung aber dazu, dass einmal konsequent und stringent definiert werden muss, wie Erfolg (nicht nur im Abschluss, sondern auch im Weg dorthin) eigentlich aussieht und damit welche Schritte zum Erfolg führen. Das hilft nicht nur den Führungskräften - sondern auch und vor allem den Mitarbeitern. Sie reduziert Komplexität und schafft Klarheit indem Regeln aufgestellt werden und Ziele priorisiert werden. (So lassen sich auch widersprüchliche Ziele auflösen

Jeder möchte in seinem Job das Richtige tun und erfolgreich zu sein. Und genau so, wie ein abhängig Beschäftigter das Recht darauf hat seine Aufgaben klar benannt zu bekommen, so hat jeder Vertriebler das Recht zu wissen, was er tun muss, um erfolgreich zu sein. In diesem Sinne hat jeder Vertriebsmitarbeiter ein Recht auf Vertriebssteuerung! (Das ist dann nicht mehr Druck, sondern mehr "Sog")

Komplexität: Die Haltung entscheidet

Komplexität begegnet uns im Arbeitsalltag ständig. Gefühlt wird es immer mehr und die Welt wird immer komplexer. Eine wichtige Managementaufgabe ist es Komplexität zu reduzieren. Für die Mitarbeiter - aber auch und vor allem für die Kunden.

Was ist Komplexität?

Folgende Merkmale und Attribute erkenne ich in Komplexität:

- Ein Sachverhalt ist unüberschaubar gross
- Die Zusammenhänge sind nicht linear oder linearisierbar
- Es bestehen Abhängigkeiten zu wichtigen Faktoren, die nicht beeinflusst werden können
- ein Teil des komplexen Sachverhaltes weist "Blackbox"-Eigenschaften auf
- der Fokus ist unklar

Der Gegenentwurf: Was ist Kompliziertheit?

- Ein Sachverhalt ist (auf den ersten Blick) unüberschaubar gross
- Die Zusammenhänge sind linear bzw. sequentiell

- Unbeeinflussbare Faktoren sind Inputparameter (oder Rahmenbedingung) und nicht Teil des Sachverhaltes
- keine Blackbox-Elemente, der Sachverhalt ist vollständig transparent und nachvollziehbar
- es gibt einen Schwerpunkt, bzw. einen Fokus

Komplexität vs. Kompliziertheit

Um Komplexität zu reduzieren ist ein möglicher und sinnvoller erster Schritt, sich für Kompliziertheit (und gegen Komplexität) zu entscheiden. Letztlich bedeutet Komplexität auch Unschärfen zu akzeptieren. Dies ist zwar nicht immer die eigene Entscheidung bzw. nicht zwingend im eigenen Entscheidungsraum angesiedelt, aber die Suche nach Klarheit und Transparenz erfordert den Sachverhalt derart aufzuarbeiten, dass alle Zusammenhänge a) linearisierbar sind und b) alle nicht beeinflussbaren Faktoren nicht mehr Teil des Sachverhaltes. Also ist auch die Abgrenzung bzw. der eindeutige Umriß ein wichtiger Schritt, um Komplexität zu bekämpfen.

Aus meiner Sicht und Erfahrung gibt es folgende Gründe für (gewollte/akzeptierte) Komplexität:

- **Nebelkerze** in dem Sachverhalt ist etwas verborgen, dass nicht verstanden wird oder nicht verstanden werden soll
- **Schutzschild** = die Komplexität soll genutzt werden, um Verantwortung zu verschleiern oder zu atomisieren
- **Ignoranz** = es gibt keine Lobby / keine Managementattention für den Sachverhalt, und so wird er nur mit einem Kästchen in PowerPoint symbolisiert
- **Wichtigtuerei** = Variante der Nebelkerze
- **Sonstiges-Syndrom** = fehlender Wille zur Klarheit, Mischung aus Nebelkerze und Ignoranz

Gegen Komplexität hilft:

- Klar und Eindeutig beschreiben (Fokus!)
- Fremdbestimmtheit entfernen und abgrenzen
- Entscheidungen treffen
- Kommunizieren

Klingt wie das Tagesgeschäft einer Führungskraft? Dann ist ja alles gut...!

Vertriebssteuerung: Von der Vergütung her denken!

Die Vertriebssteuerung dient der Ausrichtung der Vertriebsressourcen an den Unternehmenszielen; die Unternehmensziele ihrerseits leiten sich wiederum aus der Unternehmensstrategie und der zugehörigen Planung ab.

Gerade im Geschäft mit größeren Kunden ist die Selbststeuerung der einzelnen Mitarbeiter im Vertrieb der wesentliche Mechanismus, der mit einer Vertriebssteuerung zu bedienen ist.

Nähern wir uns dem Vertriebsmitarbeiter als Objekt der Vertriebssteuerung: üblicherweise ist im Vertrieb der Anteil der variablen Vergütung an der Gesamtvergütung höher als in vielen anderen Funktionen in einer Bank oder Sparkasse.

Damit ist die Erreichung einer möglichst hohen variablen Vergütung eines der wichtigsten persönlichen Ziele eines Mitarbeiters im Vertrieb.

Im Regelfall geht dies mit einer entsprechenden Zielerreichung einher. Eine hohe Zielerreichung führt zu einer hohen variablen Vergütung - also liegt eine hohe Aufmerksamkeit auf der Erreichung der für das jeweilige Jahr vereinbarten Ziele. Das impliziert jedoch ebenfalls, dass eine Vertriebssteuerung nur dann erfolgreich sein kann, wenn sie im Einklang mit den gesetzten Zielen erfolgt - oder anders formuliert: die Vertriebssteuerung bricht die Vertriebsziele in geeigneter Weise auf die Mitarbeiter herunter und bildet Möglichkeiten Meilensteine und Gesprächsanlässe zu identifizieren.

Unter Vertriebszielen verstehe ich den Teil der Unternehmensziele, für den der Vertrieb in der Leistungsverpflichtung ist und - das ist mindestens genauso wichtig - auch tatsächlich einen Beitrag leisten kann.

Bei der Gestaltung von individuellen Mitarbeiterzielen sollte man im Hinterkopf haben, dass über den **Arbeitsvertrag** ein **Dienstverhältnis** begründet wurde und somit kein Werkvertrag vorliegt. Geschuldet ist das Bemühen und nicht der Erfolg. Der Mitarbeiter als nicht leitender Angestellter trägt kein unternehmerisches Risiko. Und dieses muss sich adäquat in den vereinbarten Zielen wieder finden.

Exkurs: es spricht nichts dagegen als Teil einer variablen Vergütung für die Belegschaft eine Art von Gewinnbeteiligung auszuloben, aber dann ist sie eben auch das. Wenn eine variable Vergütung für individuelle Leistungen ausgelobt wird, dann ist sie jedoch eben keine Gewinn- oder Verlustbeteiligung.

In der bisher üblichen Praxis teilen sich die Zielfelder, die mit den Mitarbeitern vereinbart werden, in qualitative und quantitative Ziele auf. Im Vertrieb liegt die Aufmerksamkeit erfahrungsgemäß etwas mehr auf den quantitativen Zielen.

Entscheidend ist jetzt, wie bei Vorliegen der Zielerreichung mit den vorher vereinbarten Zielen umgegangen wird. Sehr oft habe ich erlebt, dass bei sehr guter Erfüllung oder Überfüllung der quantitativen Ziele die qualitativen Ziele überhaupt keine Rolle mehr gespielt haben. Man mag sich fragen, warum diese dann überhaupt vereinbart wurden. Andersherum, wenn die quantitativen Ziele nicht erreicht werden konnten, dann haben die qualitativen Ziele oftmals ein sehr großes Gewicht bekommen, um die gesamte Zielerreichung in eine gewünschte oder zumindest akzeptierte Richtung zu bewegen.

Was sagt es über das System der Zielvereinbarung und auch über die Vertriebsteuerung aus, wenn sowohl Führungskraft als auch der Mitarbeiter kooperieren um das System retrograd zu beeinflussen?

Natürlich ist es auch so, dass man bei seiner eigenen Zielerreichung auch mal Glück haben kann - genauso, wie auch manches Mal Pech möglich ist. Aber erfahrungsgemäß wird das Glück aus der Zielerreichung nicht in dem Maße neutralisiert, wie alle Beteiligten gemeinsam versuchen das Pech zu neutralisieren. Pech ist demnach unfair, Glück nicht.

Wenn wir zurück auf den Dienstvertrag, auf das Arbeitsverhältnis anschauen, dann ist Glück jedoch keine Leistung. Ich kann die **Aktivitäten und die Anstrengungen honorieren**, die Voraussetzung gewesen sind, dass dieser Moment von Glück überhaupt auf den fruchtbaren Boden gefallen ist und daraufhin dieser Erfolg tatsächlich erst möglich geworden ist, aber eben nicht des Glück per se.

Insofern ist es durchaus bedenkenswert, die reinen quantitativen Volumensziele, egal ob Neugeschäftsvolumen, Stückzahlen an Abschlüssen oder Bruttodeckungsbeiträge (etc.), in ihrem Stellenwert für eine Zielvereinbarung zu reduzieren. Es wird in den Einzelfällen immer sehr schwierig sein zu erkennen, wie viel Glück und wie viel Leistung dahinter stand - und objektiv wird dieses nur in den allerseltensten Fällen möglich sein. Von daher erscheint es ratsam diesen Scheindiskussionen von vorn herein aus dem Weg zu gehen und einfach die Ziele in ihrer Bedeutung (=in ihrem Gewicht) zu reduzieren, die für zufallsgetriebene Ausreißer – in die eine wie in die andere Richtung – empfänglich sind.

Wenn ich mir ein Kundenportfolio anschaue, für das beispielsweise gemeinsam mit den Produktspezialisten eine Einzelkundenplanung durchgeführt wurde, dann habe ich bereits eine gesunde Anzahl an Vertriebsansätzen, die sich für den Planungszeitraum in Aktivitäten übersetzen lassen. Und die Durchführung dieser Aktivitäten kann ich vereinbaren. Zusätzlich könnte ich auch den mit diesen Aktivitäten verknüpften, erhofften wirtschaftlichen Erfolg ebenfalls in meine Ziele überführen. Jetzt habe ich zwar ein reduziertes Gewicht für die Ziele mit entsprechenden wirtschaftlichen Parametern, jedoch über die zusätzlich geplanten Aktivitäten zugleich ein weiteres Zielfeld eröffnet, dass am Ende in die gleiche Richtung einzahlt.

Gleiches lässt sich auch mit einem Jahresmaßnahmenplan oder einer Marketingsplanung anstellen; wichtig ist nur dass die Aktivitäten konkret sind und gemessen werden können - beispielsweise in einem CRM-System.

Durch diese Art der Planung, also auf Basis von Aktivitäten, werden verschiedene Effekte erreicht:

- Es werden **keine qualitativen Ziele mehr** benötigt; ich kann sämtliche Vertriebsziele in Aktivitäten übersetzen.
- **Es verschwinden die subjektiv genutzten Spielräume** in der Auslegung der Zielerreichung sowohl für die Führungskraft, wie auch für den Mitarbeiter
- Der Vertrieb und das Unternehmen werden gezwungen **intensiver und realistischer zu planen** da ohne eine Operationalisierung der Planung das Herunterbrechen in Aktivitäten nicht möglich ist
- **Zielvereinbarungsprozess, variable Vergütung und die Vertriebssteuerung werden in Deckung gebracht**
- Die **Komplexität der Zielkarte wird reduziert** oder kann reduziert werden
- Die **Ziele sind konkreter** und durch den **Mitarbeiter** sichtbar **beeinflussbar**

Bei der Umstellung des Zielvereinbarungsprozesses gibt es oftmals mehr Widerstand von den Führungskräften als von den Mitarbeitern. Die Mitarbeiter mögen zu Beginn Vorbehalte haben, was den Realismus und die Erreichbarkeit der Ziele angeht; hier führen die intensiven Gespräche mit den jeweiligen Führungskräften in der Regel einer angemessenen Entspannung. Die Führungskräfte jedoch fühlen sich zumeist beraubt um ein Stück Kompetenz und Freiheit, nämlich in der Verteilung von Zuneigung in monetärer Form.

Es soll Unternehmen geben, in denen alle Mitarbeiter 100% Zielerreichung bekommen oder die Bandbreite der Zielerreichung 90% bis 110% nicht verlässt. Es soll auch Unternehmen geben, in denen die Zielerreichung keine Auswirkung auf die variable Vergütung hat - oder nur in den Fällen, wo die Zielerreichung von oberhalb 100% liegt (und dann natürlich eine positive Auswirkung).

Es lässt sich festhalten, dass es nicht die Schuld der Mitarbeiter ist, dass es in diesen Unternehmen so ist. Hier mögen sich sowohl die Führungskräfte als möglicherweise auch die Arbeitnehmervertreter durchaus an die eigene Nase fassen. Sei es wie es sei: wenn alle und immer das gleiche bekommen, ist es keine variable Vergütung. Das, wann auch immer und durch wen auch immer, festgelegte Ziel, dass mit der Einführung einer variablen Vergütung verbunden wurde, ist in diesen Fällen nachhaltig nicht erreicht.

Bei der Festlegung der Ziele auf Ebene des einzelnen Mitarbeiters kann natürlich nicht nur auf das Unternehmen geschaut werden, sondern es muss auch die individuelle Ausgangslage und Situation des Mitarbeiters berücksichtigt werden. Die Ziele müssen so gesetzt und vereinbart sein, dass jeder Mitarbeiter die Chance hat, eine Zielerreichung von 100 % zu erlangen und zwar durch seine eigene Leistung (Dienstvertrag!). Die Differenzierung zwischen Mitarbeitern und Mitarbeitergruppen erfolgt über Gehaltsbänder, Eingruppierung und gegebenenfalls unterschiedlichen Regelungen zur variablen Vergütung. Der Zielerreichungsgrad ist per se kein Statussymbol im Team.

Abschließend will ich nicht verschweigen, dass auch die Arbeitnehmervertreter möglicherweise anfänglich gewisse Vorbehalte zu einem derartigen System entwickeln. Das wäre zumindest der natürliche Reflex, der zu erwarten wäre. Letztlich lässt sich in jeder Bank oder Sparkasse dieses System nur im Zusammenspiel zwischen Unternehmensleitung, Vertriebssteuerung und den Arbeitnehmervertretern im gemeinsamen Vertrauen entwickeln. Nach BetrVG §87 (1) 6. und 10. ist dieser Sachverhalt ohnehin mitbestimmungspflichtig. Die richtige Perspektive ist es jedoch nicht, jedem Mitarbeiter 100% als Untergrenze zu verschaffen, sondern fair anhand der persönlichen Leistung (=entfaltete (!) Aktivität) zu differenzieren – und das geht nun einmal in beide Richtungen.

Und als letzten Satz: die subjektive Kompetenz und Freiheit behält die Führungskraft, wenn unterjährig Meilensteingespräche geführt werden und die Zielvereinbarung im Bedarfsfall und in Abstimmung mit dem Mitarbeiter dokumentiert angepasst wird – in die eine oder andere Richtung.

Stärkung der Selbststeuerungskompetenz im Vertrieb

Die Antwort auf eine steigende Komplexität in der Welt und damit auch auf den einzelnen Arbeitsplätzen liegt nicht in einer Führungskraft, die ihren Mitarbeitern sagt, was sie zu tun und zu lassen haben. Dafür sind die Veränderungen zu schnell und die Informationsverteilung inzwischen zu asymmetrisch. Die Führungskraft kann nicht mehr darauf vertrauen, dass sie bessere Informationen als ihre Mitarbeiter hat oder die Information zeitlich sogar vor ihren Mitarbeitern bekommt. Im Gegenteil, die Bedeutung der Mitarbeiter als Sinnesorgan des Unternehmens wächst parallel zur steigenden Umweltkomplexität bzw. parallel zum Anstieg der Veränderungsgeschwindigkeit der Umwelt.

Ob man es begrüßt oder nicht, der klassische top-down-Führungsstil hat ausgedient und es ist davon auszugehen, dass die noch in freier Wildbahn existierenden Dinosaurier nachhaltig nicht länger erfolgreich sein können.

Die Aufgabe Führungskraft besteht heute vielmehr darin, dem Mitarbeiter ein Umfeld zu schaffen, in dem er motiviert und effizient arbeiten kann. Hierzu gehört auch, den Mitarbeitern einzeln oder auch in der Gruppe zuzuhören, um auftretende Probleme sich abzeichnende Veränderungen rechtzeitig wahrzunehmen. Nur dann wird die Führungskraft in der Lage sein, die betroffenen Mitarbeiter miteinander zu vernetzen oder über die Vorgabe einer Priorisierung Schwerpunkte zu setzen.

Die Führungskraft ist damit Trainer und Mannschaftskapitän in einer Person; und auch bei steigender Komplexität und sich verändernden Zielen und Rahmenbedingungen bleibt eine Steuerung nicht weniger wichtig. Der Unterschied zu früher ist jedoch, dass verstanden und akzeptiert wird, dass ein Mitarbeiter durchaus willens und in der Lage ist sich selbst zu steuern.

Die zentrale Herausforderung besteht in diesem Kontext darin, sich ein sauberes und konsistentes Steuerungsmodell zu überlegen. Dies dürfte üblicherweise schwieriger sein, als es sich anhört. Über dieses Steuerungsmodell legt das Unternehmen bzw. die Führungsmannschaft fest, nach welchen Spielregeln Erfolg und gute Arbeit (Zielerreichung bzw. –übererfüllung) definiert wird.

Dieses Modell zu entwickeln, setzt voraus das das Management-Team willens und in der Lage ist, einen großen Konsens zu finden im Hinblick auf Potenziale, Kennzahlen, Ambitionsniveau und derlei Dinge. Die vielen verschiedenen Ziele und Zieldimensionen müssen mindestens gewichtet vielleicht sogar in eine Reihenfolge gebracht werden. Und letztlich wird es Aspekte geben, die in diesem Modell enthalten sind und andere, die es nicht sind

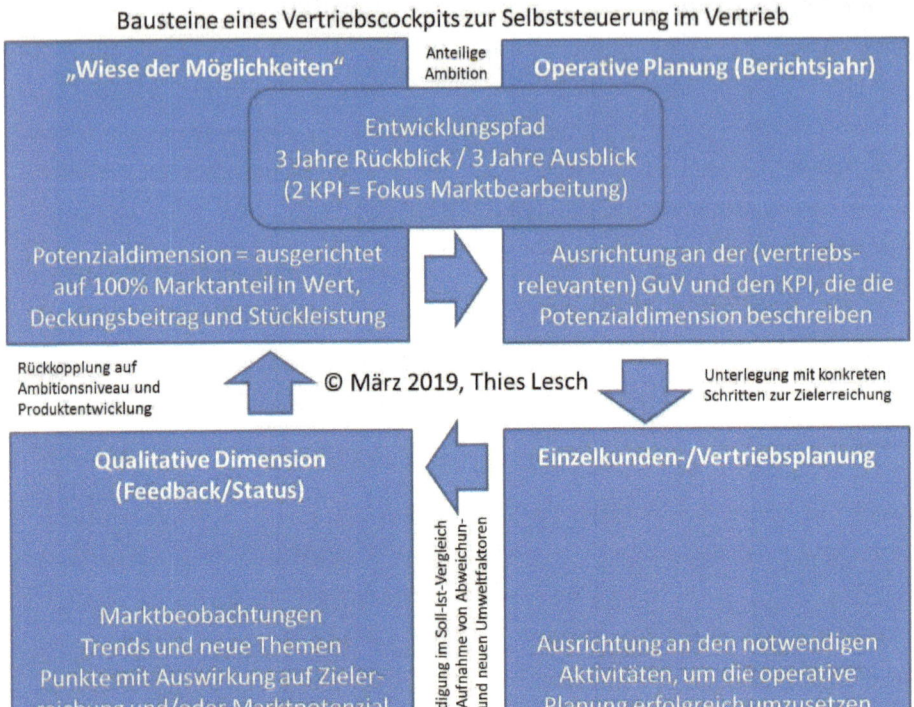

Abbildung 1 - Bausteine eines Vertriebscockpits

Es ist wahrscheinlich nicht ganz falsch, wenn ich vermute das die nötige Disziplinierung für ein derartiges Modell auf Seiten der Führung viel größer ist, als auf Seiten der Mitarbeiter die es dann umsetzen und mit Leben erfüllen müssen.

Für den Vertrieb bietet es sich an, dieses Steuerungsmodell in einer Art Vertriebscockpit abzubilden, wo sich jeder Mitarbeiter seine Planung und seine Werte allen notwendigen Facetten aufrufen kann. Durch die automatisierte Datenbereitstellung ist damit jeder Mitarbeiter jederzeit auf Ballhöhe und entwickelt so auch ein intuitives Gefühl dafür, wie sich einzelne Geschäftsabschlüsse oder andere Aspekte auf die gezeigte Performance auswirken. Das schafft Sicherheit, ein Gefühl für Handlungsspielräume und führt zu einer stärkeren Identifikation mit den Zielen und auch der Darstellung bzw. Bewertung der eigenen Leistung.

Nach meiner Überzeugung besteht das ideale Vertriebscockpit aus vier ineinandergreifenden Bausteinen, die ich alle etwa gleich groß visualisiert habe - wobei die abgebildete Größe eher einen Rückschluss auf die Bedeutung zulassen soll, denn auf den sichtbaren Bildschirmanteil eines tatsächlichen Vertriebscockpits.

Der Gedanke dahinter ist der Management Regelkreis, der für diesen Zweck etwas modifiziert werden muss, da der Fokus eines Cockpits selbstverständlich auf einem Soll-Ist Abgleich liegt und die eigentliche Umsetzungsfunktion außerhalb des Cockpits stattfinden muss.

Der erste Baustein, der nach meinem Empfinden oftmals vergessen wird ist das Fundament. Ich nenne sie gerne „Wiese der Möglichkeiten". Hier wird der adressbare Markt definiert und dargestellt. Es ist wichtig, dass sich eine Planung nicht nur beispielsweise aus einem 10-prozentigen Wachstum zu einem beliebigen Vorjahresergebnis herleiten lässt, sondern dass es eine Beschreibung des theoretischen Maximums gibt. In kurz: welche Werte bekomme ich, wenn ich den Markt vollständig und allein abdecke. Die Werte, um die es geht sind von Unternehmen zu Unternehmen oder von Branche zu Branche unterschiedlich; typischerweise gibt es eine Wertedimension (Umsatz), eine Stück-Leistungsdimensionen (Ausbringungsmenge) und idealer Weise eine Dimension, die Profitabilität ausdrücken kann, zum Beispiel Deckungsbeitrag. Letzteres ist besonders dann relevant, wenn es um Märkte geht, die dynamischen Veränderungen ausgesetzt sind, zum Beispiel durch kurze Produktlebenszyklen oder, wenn es Substitute zu den Produkten gibt.

Aus diesem Potenzial (und aus historischen erfolgen der Organisationen, möglicherweise anderen limitierenden Faktoren, usw.) wird eine operative Planung für das Berichtsjahr abgeleitet (**der zweite Baustein**). Diese operative Planung ist eine wichtige Basis für die Steuerung und Erfolgsmessung im Vertrieb. Die Kennzahlen, die zur Beschreibung gewählt werden sollten natürlich den entsprechenden, bzw. sich zu mindestens in relevanten Stellen überlappen, die bereits zur Beschreibung der „Wiese der Möglichkeiten" herangezogen wurden.

Bei der Auswahl der Kennzahlen ist selbstständig darauf zu achten, dass diese auch tatsächlich durch den Vertrieb beeinflussbar sind. So schön es auch ist, wenn man auf Kennzahlen zurückgreift, die stringent zum externen Rechnungswesen sind, so falsch ist es, dem Vertrieb Größen aufzuhalsen, für die er nichts kann (im Guten wie im Schlechten) - oder die er nicht ändern kann.

Als verbindendes Element zwischen diesen beiden Bausteinen könnte man in der Visualisierung des Cockpits ein grafisches Element vorsehen, dass den Entwicklungspfad verdeutlicht, zum Beispiel den Umsatz der letzten 3 Jahre und als Ausblick den Planumsatz für das aktuelle und die beiden folgenden Jahre. Das ganze ggfs. noch angereichert mit einer Entwicklung des Marktanteils, um eine mögliche Veränderungen der Marktgröße so zu berücksichtigen.

Eine operative Planung muss jedoch durch konkrete Aktivitäten und Handlungen umgesetzt werden - und dafür bietet sich in der Darstellung **ein dritter Baustein** an. Die Vertriebsplanung ist nochmals deutlich konkreter als die operative Planung. Diese operative Planung wird – konsistent – herunter gebrochen auf sämtliche Aktivitäten (Wobei „sämtlich" hier einen hinreichenden Präzisionsgrad meint; in der Praxis dürfte dieser Grad oftmals mit einer Planung der Top-80 % Aktivitäten erreicht sein.), die zur Zielerreichung der operativen Planung umgesetzt werden müssen. Es bietet sich an, dies in Form einer Einzelkundenplanung auf Ebene der wichtigen Bestandskunden und hoch priorisierter Zieladressen zu tun. In dieser Konkretheit und bei gleichzeitiger Kundenorientierung, ist es am leichtesten möglich diese Planung auch mit anderen - am Vertriebsprozess beteiligten - Stellen abzustimmen. Dies ist immer dann besonders relevant, wenn es auch um Cross-Selling oder interne Weiterempfehlungen gehen soll. Diese Vertriebsplanung ist die zweite wichtige Basis für die Steuerung und Erfolgsmessung im Vertrieb

Der **vierte Baustein**, von mir als „qualitative Dimension" bezeichnet, entspricht dem Rückkoppelungsschritt aus dem Management-Regelkreis, der in der Praxis gern unter den Tisch gekehrt wird.

Wenn ich akzeptiere, dass ich Mitarbeiter habe, die mehr über die Kunden und über die Umwelt / den Markt wissen, als ich in meiner Rolle als Führungskraft, dann bin ich darauf angewiesen, dass dieses Wissen auch systematisch in die Bewertung der Potenzialdimension miteinfließt. Natürlich soll es nicht darum gehen fehlende Zielerreichung durch Minderleistung zu entschuldigen oder zu verklären, aber wenn es Themen im Wettbewerb gibt oder disruptive Produktentwicklungen oder was auch immer, dann gehört nicht nur in der Leistungsbeurteilung des Mitarbeiters „ein Auge zugedrückt", sondern die „Wiese der Möglichkeiten" muss auch mal gemäht und/oder neu vermessen werden.

Wenn sich ein Führungsteam auf diese Spielregeln ernsthaft und nachhaltig einlässt, so tun es die Mitarbeiter schon lange - und wahrscheinlich sogar mit einer gewissen Begeisterung.

Stringente Vertriebssteuerung im Firmenkundengeschäft von Banken und Sparkassen

Das Firmenkundengeschäft in Banken und Sparkassen ist ein wesentlicher Ertragsbringer für die meisten Häuser. Es wird als Individualgeschäft betrieben, um den unterschiedlichen Kunden und Kundengruppen möglichst passgenau mit dem entsprechenden Angebot gegenüberzutreten. Es erfolgreich zu bestreiten ist hoch anspruchsvoll und es zeichnet sich zudem durch eine hohe und weiter steigende Komplexität aus. Aus diesen Gründen genießt das Firmenkundengeschäft aus Sicht der Banken und Sparkassen eine hohe Aufmerksamkeit und eine hohe Kritikalität: die Erwartungen an das Geschäft sind bereits hoch und dennoch bleibt es auch Hoffnungsträger für die Zukunft. Aufgrund dieser hohen Komplexität im Spannungsfeld aus Kundenbedürfnissen, Produktangebot, Ertragserfordernissen, Wettbewerb und Spezialisten gab es in der Vergangenheit wenige Ansätze eine dedizierte Vertriebssteuerung für das Geschäft zu installieren. Solange die Erträge stimmen, musste man nicht genauer hinschauen. Das Problem ist, dass eine reine Ertragssteuerung lediglich den Blick in den Rückspiegel darstellt. Ich sehe also nicht, dass es nicht stimmt, sondern dass es nicht gestimmt hat. Hier muss die Vertriebssteuerung ansetzen, sie muss sich auf die Zukunft und insbesondere auf die Gegenwart konzentrieren. Hier sind sowohl langer Atem, als auch Einbindung der Betroffenen gefordert, denn schließlich sind sie es gewohnt nicht gesteuert zu werden. Insofern steht, sofern man es verändert, ein Kulturwandel bevor.

Eine andere Perspektive auf das Thema entsteht, wenn man sich den Arbeitsplatz des Firmenkundenbetreuers anschaut. Er ist der Betroffene der ständig angestiegenen und weiter ansteigenden Komplexität am Arbeitsplatz. Durch steigende Arbeitsteilung und Spezialisierung ist die Zahl der Ansprechpartner mit denen er zu kommunizieren hat, um im Sinne seines Kunden zu agieren ständig gestiegen. Das Produktangebot wurde laufend erweitert, sowohl durch neue Produkte als auch durch eine Weiterentwicklung und Ausdifferenzierung der bestehenden Produkte. Nicht zuletzt muss auch für den Betreuer das Thema Regulatorik angeführt werden. Und da sind KYC, MiFID II und DSGVO nur die prominentesten Vertreter.

Sein tägliches Problem ist, dass der Firmenkundenbetreuer oft nicht weiß, was er zuerst oder was er zuletzt tun soll - und dabei gleichzeitig auch noch seine Kunden exzellent zu bedienen. Gefühlt bleibt für ihn irgendetwas immer auf der Strecke.

Hinzu kommt, dass er oftmals auch Ziele erfüllen soll, die sich nicht gegenseitig unterstützen bzw. die möglicherweise sogar im Widerspruch zueinanderstehen. So ist es nicht unüblich steigende Zinserträge bei gleichzeitig geringerem Eigenkapitaleinsatz auf seinem Portfolio zu verlangen.

Der Wunsch eines Firmenkundenbetreuers wird es doch sein, seinen eigenen Arbeitsplatz so zu organisieren, er in der ihm zur Verfügung stehenden Zeit die Themen die er zu bearbeiten hat richtig priorisiert (und dann umsetzt) und über das er dokumentieren kann, dass er genau dieses getan hat.

Die erste und damit zentrale Aufgabe der Vertriebssteuerung im Firmenkundengeschäft ist es, die Selbststeuerungskompetenz für den Firmenkundenbetreuer so zu erhöhen, dass er für sich die Orientierung bekommt, die er benötigt.

Damit dies gelingt, ist das eigentliche Instrument nur ein kleiner Baustein. Viel wesentlicher ist es, dass die gesamte Vertriebssteuerung in dem Geschäftsfeld nach der gleichen Logik funktioniert. Jeder Betreuer und jede dazugehörige Führungskraft, in jeder darüber liegenden Berichtsebene steuert nach den gleichen KPI und den gleichen Spielregeln. Eine einheitliche Vertriebssteuerung, die von allen gleichermaßen verbindlich und stringent genutzt wird.

Denn erst wenn sich alle daran halten, wird der Firmenkundenbetreuer wissen, dass sein Chef wirklich auf den gleichen Dinge achtet wie er und gleichzeitig wird auch erst sein Chef dann wissen, dass sein Mitarbeiter an denen Dingen wirklich arbeitet, auf die er achtet.

Also: keine einheitliche Steuerung ohne echte Selbststeuerung.

Um die Perspektiven der Vertriebssteuerung von dem Blick zurück auf die Gegenwart zu lenken ist es notwendig, die Aufmerksamkeit von den Erträgen auf die Aktivitäten zu lenken. Aktivitäten im Vertrieb, die dazu geeignet sind Beträge in der Zukunft entstehen zu lassen. Der Blick in die Zukunft ist der Blick in die Planung. Allerdings muss auch diese Planung in Aktivitäten übersetzt worden sein. Denn nur so kann ich (mit weniger Interpretationsspielraum) erkennen, ob auf Basis des bisherigen Niveaus an Aktivitäten die Planung erreicht werden kann.

Typischerweise bildet damit ein CRM-System den Rahmen für die gesamte Vertriebssteuerung. In dem CRM-System bilde ich die Kundenverbindungen ab, die zuständigen Betreuer, getätigten Geschäfte, die gemachten Erträge, aber auch Kontaktvermerke, Termine, Ereignisse und Aktivitäten.

Ein CRM bildet den Rahmen und die institutionalisierte Kommunikationsplattform

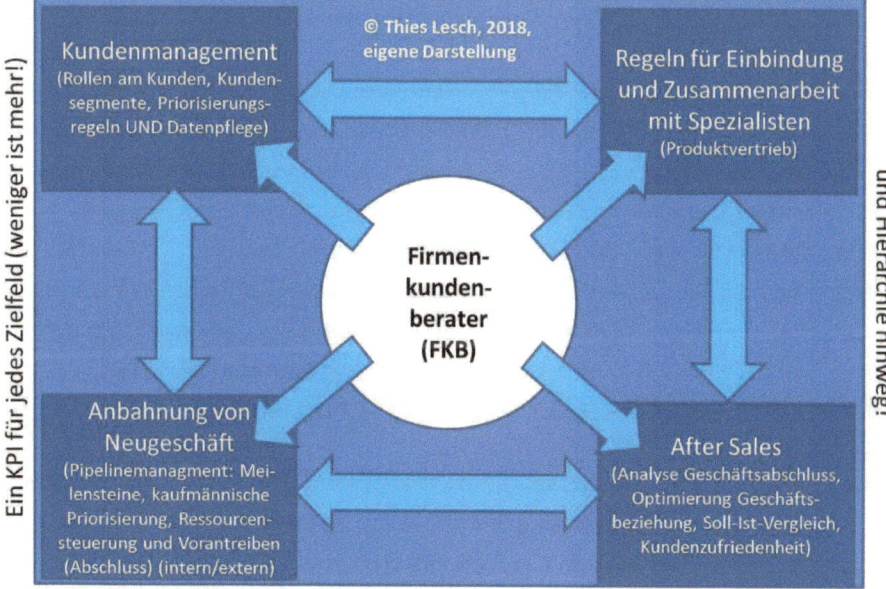

Abbildung 2 - Bausteine eines CRM-Systems

Wichtig sind die Spielregeln, die verbindlich vereinbart werden, um die Vertriebssteuerung auf Basis des CRM-Systems zu implementieren.

Der erste Baustein, der zu regeln ist, dreht sich um das Kundenmanagement: welche Rollen gibt es, am Kunden oder für den Kunden tätig sind. Diese Rollen sind mit ihren Aufgaben und Zuständigkeiten klar und überschneidungsfrei zueinander abzugrenzen. Welche Kundensegmentierung gibt es, d.h. nach welchen Regeln sind Kundenbeziehungen zu priorisieren und wie hat ein Betreuer seinen Ressourceneinsatz auf seine Kunden bzw. Kundensegmente aufzuteilen. Und nicht zuletzt, wer pflegt verbindlich welche Daten.

Da wir bei einem CRM-System nicht über ein juristisches bestandsführendes System einer Bank oder Sparkasse sprechen und in der Vertriebssteuerung eben auf die Gegenwart bzw. die Zukunft schauen, ist technisch gesprochen die Weiterarbeit am Kunden ohne Datenpflege möglich. Erst wenn es ein Vertrag wird, müssen alle zähneknirschend ran. Insofern ist es für die Vertriebssteuerung unablässig, dass sich jeder an die vereinbarten Spielregeln hält und dazu gehört auch die entsprechende und vor allem aktuelle Pflege der verabredeten Informationen. (Natürlich ist es sinnvoll, die Zuständigkeit möglichst verursachungsgerecht aufzuteilen bzw. wo es geht Datenzulieferungen zu automatisieren.)

Der nächste Baustein dreht sich um den Produktvertrieb. Damit sind alle Produkte gemeint, die der Firmenkundenbetreuer nicht selbst verkauft, d.h. für die er Spezialisten zur Verfügung hat. Ein Stück weit folgt dies der Rollendefinition aus dem ersten Baustein. Es muss verbindlich geregelt sein, wie das Zusammenspiel zwischen dem Firmenkundenbetreuer und dem Spezialisten zu laufen hat. Wie eigenständig agiert ein Spezialist - nur reaktiv oder mit eigenem Vertriebsauftrag? Wann wird der Spezialist eingebunden, wie priorisiert ein Spezialist seine Ressourcen, wenn beispielsweise zwei Kundenbetreuer auf ihn zukommen? Welche Durchgriffsmöglichkeiten hat ein Spezialist, wenn ein FKB ihn nicht mit zum Kunden lassen möchte? Viele dieser Fragen kann man unterschiedlich beantworten, aber erst wenn man es getan hat wissen die Beteiligten, woran sie sind.

Recht zentral wird der Baustein sein, der sich auf den Umgang mit den Aktivitäten stürzt, die sich auf das Neugeschäft richten. Im Kreditgeschäft spricht man hierbei üblicherweise von einer Pipeline. Dieser Gedanke lässt sich natürlich auch auf andere Produkte übertragen.

Es hat sich in der Praxis bewährt, die einzelnen Aktivitäten der Pipeline mit einem Status zu versehen. Dieser Status sollte aus einer vordefinierten Reihenfolge von Meilensteinen abgeleitet sein, so dass aus dem Status implizit sowohl der Reifegrad eines Geschäftes und damit auch die letztliche Abschlusswahrscheinlichkeit am Kunden abgeleitet werden können. Diese Pipeline macht nicht nur Aktivitäten sichtbar, sondern sie dient auch der Priorisierung von Ressourcen (sowohl im Vertrieb, als auch in der Marktfolge) und sie unterstützt durch ihre Sichtbarkeit beim schlichten „dranbleiben", also dem internen und externen Vorantreiben der Transaktion.

Der vierte Baustein der Vertriebssteuerung, After Sales, befasst sich damit, wie Erfolg sichtbar gemacht wird, wie das Geschäft bewertet wird und wie eine Geschäftsbeziehung bewertet wird. Hier kommt also wieder der Blick in den Rückspiegel, aber nur ein Kleiner. Es ist eher der prüfende Blick, dass die Aktivitäten auch den erwarteten Erfolg gebracht haben. Welche Maßnahmen zur Optimierung leiten sich aus Sicht eines FKB für die Zukunft ab? Auch Kundenzufriedenheitsbefragungen und andere Marktforschung gehört in diesen Block.

Dieses Modell der Vertriebssteuerung auf Basis eines CRM-Systems wird eingebettet durch eine Planung, wie vorstehend schon skizziert. Die Planung der einzelnen Kunden (nicht auf Portfolioebene!) wird gemeinsam zwischen allen am Kunden beteiligten oder zu beteiligenden Rollen durchgeführt und in Aktivitäten übersetzt. Diese durchzuführenden Aktivitäten werden sowohl den Personen zuge-ordnet, die diese Aktivitäten zu erledigen haben, als auch dem Kunden, für den diese Aktivität geplant wird. Erst durch diese Präzisierung wird die notwendige Verbindlichkeit sichergestellt.

Der Planungsprozess hat natürlich eine gewisse Komplexität weil für so viele Kunden so viele ver-schiedene Rollen einzubinden sind. Hier bietet es sich an, über ein separates Planungstool, z.B. auf Basis von MSExcel oder MSAccess, eine eigenständige und parallele Planung aller zu ermöglichen. Über festzulegende Kriterien können in die Kunden bzw. die Planungsvorgänge identifiziert werden, über die noch einmal separat in einem persönlichen Gespräch oder in einer Telefonkonferenz zu sprechen ist. Im Idealbild plant jeweils derjenige die Aktivitäten, die er auch selber umsetzen wird. Es werden so keine Schecks zulasten Dritter ausgestellt und es entsteht durch den Planenden ein ent-sprechendes Commitment. (Die Realität zeigt allerdings auch, dass oftmals mehrere Planungsrunden notwendig sind, um im Zielkorridor zu landen. Die Gefahr ist, dass planen und geplant werden ein wenig vermischt werden. Hier ist es dann umso wichtiger, dass diese Kunden dann auch noch mal mit den Beteiligten besprochen werden, umso die notwendige Akzeptanz für die Planung zu erhalten.)

Für die vorstehend skizzierten Bausteine sind jeweils KPIs zu finden und festzulegen. Idealerweise lediglich ein KPI pro Baustein, sodass das System der Vertriebssteuerung mit 4 KPIs auskommt. Die Versuchung ist groß, mehr KPIs für mehr Präzision hinzu zu nehmen, aber wie so oft im Leben ist manchmal weniger mehr - daher sollte man ernsthaft versuchen sich mit 5 oder 6 KPIs zu begnügen.

Diese KPIs haben für den einzelnen Firmenkundenbetreuer und seine Selbststeuerung möglicher-weise noch nicht die allergrößte Relevanz, aber über diese KPIs erfolgt die Verdichtung über die Hierarchie nach oben. Hierdurch wird sichergestellt, dass sich das gesamte Geschäftsfeld in der vereinbarten Logik der Vertriebssteuerung bewegt und denkt, und der FKB kann seinen Beitrag zu diesen KPI für sich erkennen und ableiten.

Gedanken zur Vertriebssteuerung

Genauso, wie sich der Vertrieb weiterentwickeln muss, müssen sich auch die zugehörigen Prozesse und Steuerungsinstrumente weiterentwickeln. Dies gilt auch und insbesondere für die Vertriebssteuerung. So hat sich in den letzten Jahren der Professionalisierung der Funktion die Vertriebssteuerung oftmals sehr stark der Banksteuerung angenähert.

Ich bin der Überzeugung, dass der Vertrieb nach Faktoren gesteuert werden muss, die auf die Zukunft abzielen. Also auf die Gewinnung und Bindung von Kunden, auf die Anbahnung von Geschäft, usw. Ein zu starkes Abstellen auf die Gewinn- und Verlustrechnung ist gleichzeitig eine zu starke Betonung des Rückspiegels.

Gleichzeitig ist es die Aufgabe der Vertriebssteuerung auch Strukturziele oder Detailziele attraktiv zu gestalten, das heißt gegebenenfalls auch eine Brennglasfunktion für notwendige Veränderungsthemen zu spielen.

Auf dem Weg von der Bilanz-Bank zur GuV-Bank

Es ist keine neue Geschichte: die klassischen Geschäftsmodelle der Banken sind unter Druck - sei es durch Niedrigzins oder auch Digitalisierung. Die - mehr oder weniger - bekannten Plattformen ziehen in großem Umfang die Nachfrage auf sich. Wer nicht selbst zur Plattform wird (was auch immer das ist), kann nur als Kostenführer nachhaltig bestehen.

Regionalbanken sind typischerweise eher mittelständisch geprägte Institute, die sich nur in Ausnahmefällen für eine Kostenführerschaft qualifizieren. Dies ist bei der regionalen Prägung auch gar nicht das Primärziel, geht es doch um lokale Kundenkenntnis und -zugang, sowie das Verzahnen in und mit der Region. Verschiedene Beratungsgesellschaften (u.a. zeb und Bain) sehen die zukunftsfähige Rolle für Regionalinstitute (=regional begrenzt aktive Institute, die aufgrund ihrer Größe keine bundesweite Relevanz haben) als "Lotse" oder "Navigator". Ihre Aufgabe besteht darin (muss darin bestehen) "Kundenversteher" zu sein.

Kurzum: Es geht darum die Kundenbeziehungen zu monetarisieren. Dies gelingt nur, indem für den Kunden sichtbare Mehrwerte (Nutzen) und ein entsprechendes Kundenerlebnis geschaffen wird. Hierzu zählen insbesondere proaktive Beratungsleistungen, die sich auf die Lebenssituation des Kunden beziehen - bzw. im gewerblichen Geschäft sich gedanklich auch im Geschäftsmodell und der

Sphäre des Kunden bewegen. Aktuelle Themen und Herausforderungen des Kunden müssen erkannt und vorweg genommen werden

(Beispiel/Frage: Jeder Firmenkunde hat einen StB bzw. WP, zu dem er ein besonderes Vertrauensverhältnis hat und mit dem er _alles_ bespricht. Gleiches dürfte wohl auch für einen (Haus- und Hof-)Anwalt gelten, der besonders häufig und/oder auch für alle wichtigen Dinge eingebunden wird. Hat dieser Firmenkunde auch einen Berater dem er sich gleicherweise öffnen kann und will?)

Augenscheinlich scheint noch sehr verbreitet der Glaube vorzuherrschen, dass eine Eigenkapitalverzinsung primär durch Eigenkapitaleinsatz, sprich das eigene Kreditbuch, zu erzielen ist. Das führt vertrieblich natürlich dazu, dass das Hauptaugenmerk in der Marktbearbeitung auf dem reinen Aktivgeschäft verbleibt und alle anderen Bedarfsfelder des Kunden als Cross-Selling abqualifiziert werden. Aus der Perspektive der Banksteuerung führt dies de facto zu einem weiter steigenden notwendigen Ambitionsniveau. Der notwendige Gewinn muss nicht nur die Eigenkapitalkosten für die Anteilseigner erwirtschaften, sondern er muss zudem auch ausreichend sein, um über Rücklagen das Kapital zu stärken. (Erst wenn die Bank Kapitalkosten und Inflation verdient hat, wird sie tatsächlich stärker (growing fat vs. growing muscles)).

Der Kreditfokus ist natürlich in Anbetracht der Historie und dem daraus gewachsenen Selbstverständnis nachvollziehbar, allerdings hat der Kunde weitere Themen außer Working Capital-Bedarf oder Außenfinanzierung von Investitionen - und dem Eigenkapital ist es im Übrigen egal, ob die Verzinsung aus Provisionen verdient wird.

Verkaufen ist Pflicht. Das umfassende Abdecken der Kundenbedarfe - auch jenseits vordergründiger Vorteilhaftigkeitskalkulationen einzelner Produkte und Lösungen - ist förmlich zwingend, um den Vertrauensstatus am Kunden zu behalten und die Kundenbeziehung gegen den Wettbewerb abzuschirmen. Die angebotenen Produkte und Leistungen müssen natürlich sämtlich hinterfragt werden und - gleichsam einer Plattform - über make-or-buy Entscheidungen auf den Prüfstand gestellt werden.

So wird weiteres profitables und nachhaltiges Wachstum ermöglicht - und die (möglichen) Restriktionen aus einer Bankbilanz relativieren sich. Bald werden Banken intensiver über Kundenanzahl und Produktnutzungsverhalten ihrer Kunden reporten, als über Bilanzsumme. Das ist gut, denn das ist für die Kunden und die meisten Stakeholder relevanter, als abstrakte, große Zahlen, die die Vorstellungskraft vieler übersteigen.

Einwegpfand und Vertriebssteuerung

Wir erinnern uns noch gut an unseren Pfand-Minister Trittin, der uns zum 1.1.2003 den Einwegpfand beschert hat. Begründung und Auslöser war die gesunkene Mehrwegquote bei Flaschen, aber auch die Verunreinigung der Umwelt durch weggeworfene und liegen gelassene Dosen und Flaschen wurden als Argument mit angeführt. Auch erinnern wir uns gut an die anfänglichen Schwierigkeiten, als nur der ursprüngliche Verkäufer die jeweils bei ihm gekauften Dosen und Flaschen (gegen Quittung) zurückgenommen hat. Bis heute begleitet uns die merkwürdige Abgrenzung zwischen Fruchtsaft, Fruchtlimonade und aromatisiertes Wasser. (Wobei der Fruchtsaft pfandfrei ist.)

Die 25 Cent Einwegpfand haben am Anfang dazu geführt, dass alle Einwegprodukte unter Druck geraten sind. Eine Zeitlang wurde beispielsweise Dosenbier zu förmlichen Kampfkonditionen angeboten, weil bereits abgeschriebene (Abfüll-)Maschinen von der Stilllegung bedroht waren. Mit dem bundesweiten Einwegpfandsystem ab dem 1.10.2003 setzte langsam eine Gewöhnung und Normalisierung ein.

Problematisch ist, dass der Verbraucher „Pfand" und „Rückgabe im Handel" mit „Recycling" und „Mehrweg" gleichsetzt. In der Folge ist die Mehrwegquote heute noch weiter gesunken und der Einwegpfand hat sein erklärtes Ziel überhaupt nicht erreicht. Ein Teilerfolg bleibt: es wird fast nichts mehr wild entsorgt, weil die Höhe des Pfandes ausreichend zu Mitnahme anreizt. Vermutlich hätte eine Einwegsteuer als einseitige Verteuerung zu Lasten von Einwegverpackungen eine bessere Wirkung erzielt – hier wäre aber die Definition welche Art von Verpackung erfasst sind schwierig (kreative Flaschenvermeidung) – und nur noch ein Einwegpfand oben drauf würde dann auch wieder den Einsammeleffekt zu Gunsten der Umwelt entfalten. Dies hat man sich wohl nicht getraut oder für nicht durchsetzbar gehalten.

Was hat das jetzt mit Vertriebssteuerung zu tun?

Ganz einfach: Wir sehen, dass (vergleichsweise) kleine Änderungen an Preisen oder Nebenbedingungen eine große Wirkung entfalten können. Wir sehen aber auch, dass wir am Anfang - bevor die Steuerung aufgesetzt wird - alle möglichen Szenarien zu Ende denken müssen. (Wobei beim Einwegpfand bereits die Vorerfahrungen aus Schweden haben erahnen lassen, was auch in Deutschland passieren wird.)

Wenn für den Vertrieb Anreize geschaffen werden sollen, bestimmte Produkte zu verkaufen oder Maßnahmen zu unterstützen, dann müssen die Ziele konkret und attraktiv sein – und sich idealerweise in Preise bzw. in Pricingverhalten übersetzen lassen.

Oftmals orientiert sich eine Ergebnisabbildung im Vertrieb 1:1 an der GuV-Auswirkung für die Bank oder Sparkasse – sowohl, weil dies am einfachsten (herzuleiten und zu erklären) ist, als auch, weil sich so die Kette aus Ursache und Wirkung am stringentesten beschreiben lässt. Teilweise werden auch kalkulatorische Kosten in die Vertriebssteuerung einbezogen, zum Beispiel die Eigenkapitalkosten. Hierdurch wird ein Mindestgewinnanspruch als Kostengröße ausgedrückt und gleichzeitig zahlen so Produkte ohne Eigenkapitalnutzung (Dienstleistungen, „Cross-Selling",...) überproportional auf die Zielerreichung (Wertbeitrag oder „Übergewinn") ein.

Jedoch greift kaum eine Bank oder Sparkasse derart in die Verrechnungspreise ein, dass dort eine echte Umsteuerung stattfindet. Statt dessen wird vielfach mit separaten Volumen- oder Stückzielen gearbeitet. Solange daneben jedoch ein Ertragsziel oder Überschußziel besteht, sind in der Praxis alle anderen quantitativen Ziele nur Nebenkriegsschauplätze.

Beispiel: Sichteinlagen und Termineinlagen. Im Regelfall wird dem Kundenbetreuer bei Sichteinlagen ein Einstand von „0" gezeigt, so dass er bei einer Außenverzinsung von „0" keine Nachteile erleidet. Das führt dazu, dass der Kundenbetreuer das Produkt der Sichteinlagen ignoriert. Er wird aktiv keine Akquisitionsbemühungen anstellen, er wird aber auch nicht versuchen die bestehenden Kontokorrentbestände abzudrängen.

Für Termineinlagen, z.B. Monatsgeld oder Jahresgeld, wird es in jedem Institut ein Preistableau geben, dass dem Kundenbetreuer auf Basis der aktuellen Kapitalmarktkonditionen eine Marge ermöglicht (d.h. Einstandssatz oberhalb von Kundensatz, Kundensatz aber positiv). Niemand berücksichtigt aber den negativen Einlagenzins von bis zu 0,50% (=Verwahrentgelt) den die Bank oder Sparkasse auf Ihre überschüssigen Sichteinlagen (=EZB-Guthaben) entrichten muss. Das Institut hätte also einen Vorteil davon, wenn Sichteinlagen in Termineinlagen umgeschichtet werden könnten und somit für die LCR (als HQLA) positiv wirken und die Kreditvergabe unterstützen.

Man könnte jetzt also für gewünschte Produkte – der Logik von Opportunitätskosten folgend – die Einstandssätze erhöhen (in dem Beispiel also für das Passivgeschäft) und so für den Betreuer die Attraktivität der Zielprodukte erhöhen (und/oder den Preisspielraum für den Betreuer erweitern). Alternativ könnte man einen ähnlichen Effekt erzielen, wenn für die verkauften Zielprodukte Bonis auf die erzielte Marge für den Betreuer angerechnet werden. Das dürfte ebenfalls einen positiven Effekt haben, der aufgrund der fehlenden Preisspielräume im Vergleich zum ersten Ansatz in Gänze jedoch etwas geringer ausfallen dürfte.

In beiden Fällen entfernt sich die Vertriebssteuerung jedoch von der GuV – und das ist gut so, denn nur so werden strategische Akzente auch gegen einen Markttrend gesetzt bzw. eine aktive Umsteuerung im Produktportfolio befeuert. Der Anreiz besteht in der Differenzierung - und in der Einfachheit. Keine zusätzlichen KPI, sondern schlicht eine andere Gewichtung – also eine quasi natürliche Priorisierung.

Der Blick zurück auf den Einwegpfand lehrt, gesetzte Steuerungsimpulse zu Ende zu denken – und auch eine „Gewöhnung" und eine kreative Weiterentwicklung/Interpretation von vornherein einzupreisen.

Produktnutzung messbar machen!

Werten Sie die Produktnutzung aus? Zählen Sie die Produkte, die ein Kunde bei Ihnen kauft und nutzt?

Diese Messgröße ist relevant, wenn sie nur an eines der folgenden Merkmale glauben:

- mehr Produkte am Kunden sind besser als wenige
- die Akquisitionskosten für das Folgeprodukt sind niedriger, weil es sich bereits um ein Bestandskunden handelt
- die Kosten der Kundenbetreuung werden besser, d.h. auf breitere Schultern verteilt
- die Kundenkenntnis wird besser genutzt
- die Kundenbindung zum Unternehmen wird gesteigert - sowohl als Gebundenheit, wie auch als Verbundenheit

Welche Schritte sind dafür notwendig?

1. Zunächst einmal muss das Produktspektrum definiert werden; d.h. ich lege fest, welche Produkte und Servicebausteine bzw. Leistungsmerkmale bewerte ich wie ein eigenständiges Produkt.

---

2. Dann wird im Folgeschritt dieses definierte Produktspektrum hierarchisch gegliedert. Es bietet sich an, dies nicht nach den Prozessen oder anderen Kriterien des Anbieters zu tun, sondern sich aus der Perspektive der Kundenbedürfnisse bzw. der Kundenbedarfsfelder zu nähern. Das Ergebnis ist dann ein Produktbaum mit starken Ästen in jedes Bedarfsfeld hinein.

3. Auf dieser Grundlage können dann die Zählregeln aufgestellt werden. Hier wird die Frage beantwortet, ob ein Kunde der 10 Kredite bei mir hat, auch 10 Produkte bei mir gekauft hat, oder vielleicht nur eines. Ich kann mir überlegen, ob ich Produktvarianten eigenständig zähle oder bei dem Mitverkauf von besonderen Servicekomponenten möglicherweise auch einen Wert größer als 1 für die Zählung Ansätze. Hier geht es darum eine gute Balance zu finden zwischen der Aussagekraft über die Intensität der Geschäftsbeziehung zwischen Kunde und Bank und einer Steuerungsgröße, die auch für eine Verzielung relevant ist. Idealerweise sind die Regeln so einfach wie möglich, damit über das Spiel diskutiert wird und nicht über die Spielregeln.

4. Zum Start, bzw. zum erstmaligen Rollout ist eine Erhebung nach diesen Regeln und Kriterien notwendig. Ich benötige die Produktnutzung je Kunde bzw. je Betreuungseinheit (Akquisitionsverbund) und daraus abgeleitet die Durchschnittswerte je Betreuer, je Team, je Bereich. Wenn man nicht zu kleinteilig wird, dann macht auch eine Sicht auf Branchenbündel Sinn, da der grundlegende Produktbedarf eines Unternehmens aus den jeweiligen Geschäftsmodellen ableitbar ist. Auf dieser Basis können Ambitionsniveaus definiert werden, es lassen sich Ziele ableiten und herunterbrechen.

5. Last but not least muss lediglich noch danach gesteuert werden. Die Kennzahlen benötigen eine Relevanz im Alltag, d.h. die Führungskräfte sprechen drüber, stellen Fragen dazu, Steuern danach - und idealerweise findet sich die Produktnutzung auch irgendwo in der Zielvereinbarung mit den Mitarbeitern wieder.

Nettodeckungsbeiträge in der Vertriebssteuerung

Ich erlebe oftmals, egal wie offiziell tatsächlich gesteuert wird, dass operativ in der Vertriebssteuerung ausschließlich entweder über Bruttodeckungsbeiträge (DB I) oder über Rendite gesteuert wird

Wenn man fragt, warum die Bruttoerlöse für die Steuerung so wichtig sind, dann bekommt man Antworten wie: „Wir zahlen das Gehalt schließlich in Euro nicht in Prozent!" Das ist nicht ganz falsch, aber auch nicht wirklich richtig. Ausschließlich auf den Umsatz als Input abzustellen, bedeutet entweder alle Kosten als Fixkosten anzusehen (und jeder Euro stopft das Loch) oder zu behaupten, dass man keinerlei Einfluss auf die Profitabilität von Geschäften hat.

Ausschließlich auf die Rendite abzustellen führt im Zweifel dazu, die gesunde Mitte außer Acht zu lassen. Es werden Geschäfte gesucht, die ein höheres Risiko aufweisen und daher überproportionale Erträge versprechen im Verhältnis zum eingesetzten Kapital bzw. es werden Geschäfte gesucht, die für geringe Erträge einen unterproportionalen Kapitaleinsatz erfordern. Die Begründung für dieses Vorgehen spiegelt sich oft in Aussagen wieder, wie beispielsweise: „Unsere Anteilseigner erwarten eine attraktive Verzinsung ihres eingesetzten Kapitals!" Diese Art der Steuerung verleitet dazu, sich mehr Gedanken über die Optimierung von Geschäft zu machen, als tatsächlich Geschäft zu machen

Der mittelständische Unternehmer denkt nicht (primär) in Umsatz, sondern in Auslastung und Auftragslage. Des Weiteren denkt er auch nicht in Rendite, sondern in Gewinn. Es spricht nichts dagegen, in der Vertriebssteuerung in Banken genauso zu denken

Auslastung und Auftragslage werden dann logischerweise ersetzt durch Vertriebsaktivitäten und Neugeschäftspipeline, und der Gewinn, also das was unterm Strich "hängen bleibt", durch einen Nettodeckungsbeitrag

Unter Nettodeckungsbeiträgen verstehe ich die aus einem Geschäftsabschluss resultierenden Bruttoerlöse vermindert um die standardisierten Risikokosten, also den erwarteten eingepreisten Kreditausfall, und die diesem Geschäft direkt zuordbaren Kosten. Vielfach ist so ein DB III definiert. Je nach Kostensituation des Hauses lässt sich auch eine Gemeinkostenpauschale als Fixkostenanteil in Abzug bringen, genauso wie auch kalkulatorische Eigenkapitalkosten, wenn das Eigenkapital einen besonderen Engpassfaktor darstellt. Die konkrete, sinnvolle Ausgestaltung wird von Haus zu Haus unterschiedlich sein und von den jeweiligen Rahmenbedingungen dort abhängen

Durch eine Steuerung über diese Nettodeckungsbeiträge erreiche ich in erster Linie eine Stärkung der Preiskompetenz im Vertrieb und damit insbesondere im Kreditgeschäft. Ich lege einen Fokus auf das, was tatsächlich im Portmonee der Bank oder Sparkasse bleibt.

Wenn diese Nettodeckungsbeiträge nicht nur operativ in der Vertriebssteuerung eingesetzt werden, sondern sich auch auf der Zielkarte bzw. in der Zielvereinbarung der Berater wiederfinden, so wird gelebte Preiskompetenz auch belohnt - und damit für die Mitarbeiter attraktiv.

Des Weiteren erhalte ich so eine bessere Vergleichbarkeit in der Attraktivität von Kreditgeschäft zu Cross-Selling; auf diese Weise gelingt eine höhere Aufmerksamkeit und damit eine Förderung bzw. Belohnung von getätigten Zusatzgeschäften mit den Kunden

Im Ergebnis bekomme ich so eine deutlich unternehmerische Ausrichtung der Berater, weil durch eine Berücksichtigung von unterschiedlichen Kosten in unterschiedlichen Produkten ein Anreiz dafür geschaffen wird, sich auf die Preise und die Geschäfte zu konzentrieren, die sich für die Bank oder Sparkasse auch tatsächlich lohnen. Auch eine ungewollte Quersubventionierung, die sich leider nie vollständig vermeiden lässt, bleibt so besser unter Kontrolle, als in einem der anderen beiden vorgenannten Steuerungsmethoden

Sehr wahrscheinlich ist diese Steuerungsmethode in der Realität auch weniger komplex für die Berater. Alle relevanten Informationen und Steuerungskriterien lassen sich entweder als Erlöse oder als Kosten verarbeiten und in diese Nettobetrachtung einbringen. Bei einer Steuerung nach Bruttoerlösen oder Rendite werden im Laufe der Zeit immer weitere (weiche oder harte) Nebenbedingungen ihren Niederschlag finden: Mindestgröße, Ratinggrenze, maximale Laufzeiten, Folgegeschäfte, etc.

Ich finde, wenn ein Arbeitgeber möchte, dass seine Mitarbeiter unternehmerisch handeln, dann muss man sie auch so steuern. Und das geht über die reine Zielvereinbarung und die damit einhergehende variable Vergütung hinaus, denn schließlich geht es nicht nur um Zieldimensionen, sondern auch um Einflussmöglichkeiten und Kompetenzen.

Zahlenfriedhöfe sind das Gegenteil von Steuerung

Wer kennt folgendes Szenario?

Das Reporting kommt spät und besteht dann aus endlosen Listen, zahllosen Seiten. Es steht irgendwie alles drin - nur wo? Zahlenkolonnen reihen sich aneinander. In den Gesprächen zitiert die Führungskraft die Zahl X. Der Mitarbeiter kontert mit der Zahl Y. Die passt viel besser - und sieht auch gerade mal besser aus.

Melden macht vielleicht frei, ergibt aber noch lange keine Steuerung!

Wo ist der Fokus: Die wichtigen Informationen gehören in das Reporting nicht ALLE Informationen.

Wo ist die Verantwortung: Die Führungskraft braucht nur Informationen für Ihren Verantwortungsbereich, vielleicht noch eine Einordnung in den Gesamtkontext. Die Vertriebssteuerung/das Vertriebsmanagement hat die Aufgabe die relevanten Informationen zu identifizieren und ein konsistentes, wirkungsvolles Steuerungs- und Führungssystem zu vereinbaren.

Die dazu gehörigen Fragen sind also:

- wer muss steuern? (Verantwortung an die richtige Stelle geben, Einflussbereich abgrenzen, ggfs. delegieren, auf Konsistenz zum Gesamtobjekt achten)
- wie will ich steuern?

Wie will ich steuern?

- Was sind die wichtigsten 2-3 Ziele für die Organisationseinheit?
- Welche Ziele müssen sich unterordnen? Was sind abgeleitete Ziele?
- Welche Beziehungen besteht zwischen den Zielen? Wie kann priorisiert werden?
- Wenn ich Ziele nicht gegeneinander gewichten kann, diese Ziele nicht zusammenhängen und es mehr als 3 Ziele sind, dann muss ich gröbere Ziele nehmen, die es gestatten Ziele zusammenzufassen.
- Welche Ziele / Informationen sind redundant?
- Welche Parameter sind wirklich beeinflussbar? Nicht beeinflussbare Umweltparameter dürfen in ein Reporting, wenn sie eine wichtige Warnfunktion haben - ansonsten gehören nur die Dinge rein, die die beeinflussbaren Ziele und die Arbeit der Organisationseinheit abbilden.

Gedanken zu (Mindest-)Preisen im Kreditgeschäft

Die Einführung von Basel II (und in der Folge Basel III) hat in den Banken und Sparkassen die Ära des Preistableaus, so wie ich es aus der Ausbildung kannte, im Kreditgeschäft beendet. Die deutlich aufgewertete Bedeutung der Einschätzung von Kreditrisiken führte zu dem Ersatz der Preisliste zumeist durch eine Formel bzw. Berechnungslogik.

Der bis dato eher mit dem breiteren Daumen festgelegte Preis, der die Bearbeitung, das Kreditrisiko aber auch den erhofften Gewinnanspruch beinhaltete – und der dann auch noch markt- oder wettbewerbsorientiert angepasst werden konnte - wich einem „präzise" ermitteltem Preis

Die Rechenformel übernimmt, anders als in der Vergangenheit, einen größeren Anteil an der Preisbildung, als der Betreuer. Die gestiegene Komplexität führt zudem dazu, dass vielfach einzelne Preiskomponenten nicht mehr mit einem Bauchgefühl aus dem Stand überprüft werden können. Der Berater ist damit vielfach von einem Preisbilder zu einem Preisempfänger geworden.

Hinzu kommt, dass sich die Risikoschätzfunktion durch die eingeführten Ratingverfahren zwar deutlich verbessert hat, im Kern aber unverändert eine Schätzfunktion darstellt. Der tatsächliche Risikoverlauf in einem Kredit kann sich also besser, schlechter oder (manchmal) auch genauso darstellen, wie im Vorwege über das Ratingverfahren „vermutet".

Bei mehrjährigen Krediten ist es also durchaus wahrscheinlich, dass die Kundenbonität, zumindest für einen Teil der Laufzeit des Kredites, von der berechneten Bonität abweicht. Es wird dann also so sein, dass es Perioden in der Kreditlaufzeit gibt, in dem sich der Kredit wirtschaftlich für die Bank oder Sparkasse anders darstellt, als geplant.

Solange es sich aus Sicht des Kreditgebers in die richtige Richtung entwickelt, ist es kein Problem. Eine Verschlechterung der Bonität um ein bis zwei Stufen hingegen kann die Profitabilität leicht vollständig aufzehren oder gar das Geschäft für den Betreuer (in den relevanten Perioden) defizitär werden lassen. (Ohne Covenants gibt es während der Laufzeit des Kredites in der Regel keine Möglichkeit auf die Preisstellung nachträglich Einfluss zu nehmen - und die Mischkalkulation ist eben eine reine Kalkulation und wirtschaftlich keine Ab- oder Versicherung für diese Kalkulation!)

Es ist also notwendig, dass mathematiklastige Pricing im Außenverhältnis, dort wo immer möglich, mit Puffern zu versehen, um eine höhere Sicherheit zu bekommen die angestrebte Profitabilität für ein Geschäft auch tatsächlich zu realisieren. Denn: der Risikoverlauf ist nicht linear, d.h. eine Bonitätsverschlechterung hat eine dramatisch höhere Auswirkung auf die Profitabilität eines Geschäftes als eine Bonitätsverbesserung in gleicher Größenordnung. Damit muss ich mich in der Preisstellung also tendenziell in Richtung Worst Case orientieren; der Best Case bleibt ein reiner Mitnahmeeffekt.

Um diesen Effekt in der Preisbildung zu erreichen, ist es notwendig, dass sich der Kundenberater wieder stärker vom Preisempfänger zum Preisbilder entwickelt. Hierfür ist es hilfreich,

wenn die Komplexität im Preisbildungsprozess reduziert wird - und Preiskompetenz im Vertrieb belohnt wird. (Preiskompetenz = Preise bilden und durchsetzen)

In der Praxis hat sich dafür die Einführung eines Mindestmargentableaus bewährt. Auf diese Weise erlebt die alte Preistabelle wieder eine Renaissance und ein Preis kann (wieder) leicht und ohne Formel ermittelt werden. Die in dem Tableau enthaltenen Margen befinden sich (leicht) oberhalb des über die Formel ermittelten Niveaus. Auf diese Weise lassen sich gleich zwei Effekte realisieren: zum einen wird ein möglicher Puffer für atmende Risikokosten geschaffen und zum anderen gewinnt der Betreuer Spielraum für Preiskompetenz. (Typischerweise bedürfen Preise unterhalb des per Formel errechneten Preises unmittelbar der Genehmigung z.b. durch einen Vorgesetzten.)

Sofern die Vertriebssteuerung nicht nur auf Erlöse (=DB I) abstellt, sondern auf Erlöse nach Risiko (=DB II) und direkten Kosten (=DB III), erhalte ich ein Brennglas auf die Preisstellung im Kreditgeschäft und auf Erträge aus Cross-Selling. Dies schafft zudem die notwendige Motivation für den Vertrieb mit den wiedergewonnenen Freiheiten in der Preisgestaltung zu arbeiten.

Spätestens seit dem Gerichtsurteil zu den Bearbeitungsgebühren aus dem Jahr 2017 auch noch mal aus einer anderen Perspektive bedenkenswert.

Marktbearbeitung! - potenzialorientiert oder steuerungsorientiert?

Für eine systematische Marktbearbeitung muss sich für ein Vorgehensmodell entschieden werden. Zur Auswahl steht eine potenzialorientierte oder alternativ eine steuerungsorientierte Marktbearbeitung. Es gibt verschiedene Gründe sich für das eine oder das andere Vorgehen zu entscheiden. Wichtig ist es jedoch, seiner Entscheidung treu zu bleiben und das gewählte Vorgehensmodell konsequent umzusetzen.

Potenzialorientierung

Unter einer potenzialorientierten Marktbearbeitung verstehe ich ein Vorgehen, das Zielkunden bzw. Zieladressen anhand von objektiven Merkmalen auswählt, welche gleichzeitig einen besonderen Vertriebsanlass bieten. Denkbar sind beispielsweise Branchenschlüssel, falls bestimmte Branchentrends aufgegriffen werden sollen oder auch das Alter des Unternehmensinhabers, um über Nachfolgethemen nachzudenken, usw. Grundlage hierfür sind die Informationen und Aufzeichnungen, die für diese Kunden bzw. Adressen in der Bank oder Sparkasse zugänglich sind. Möglicherweise gab es auch bereits strukturierte Gesprächsformate im Voraus, wie zum Beispiel dass S-Finanzkonzept im Sparkassenlager, die als gute Quelle herangezogen werden können.

Der **Vorteil** dieser Vorgehensweise besteht darin, dass ich Ziele innerhalb eines bestimmten Suchschemas auswähle, die eine erhöhte Wahrscheinlichkeit für einen konkreten Bedarf aufweisen. Hierdurch kann ich eine überdurchschnittliche Abschlusswahrscheinlichkeit realisieren.

Gleichzeitig führt diese Suchschablone auch zu einem möglicherweise etwas eingeengten Fokus, was dann ein **Nachteil** dieser Vorgehensweise ist. Es werden dann möglicherweise wichtige und/oder attraktive Themen übersehen

Die **Herausforderung** dieser Methode besteht natürlich in der klaren Beschreibung des Suchmodells, welches die gewünschten Ergebnisse liefern soll. Wird es zu eng gefasst, so trifft es auf kaum ein Unternehmen zu - wird es zu weit gefasst, so wird es beliebig und der Mehrwert geht verloren

Steuerungsorientierung

Unter einer steuerungsorientierten Vorgehensweise verstehe ich ein Vorgehen, in dem eine oder mehrere Kennzahlen (KPI) ausgewählt werden, für die aus Sicht der Vertriebs- und/oder Banksteuerung ein Handlungsbedarf oder die Notwendigkeit einer erhöhten Aufmerksamkeit besteht. Dies kann beispielsweise die Kundenkalkulation sein, wo man sich auf Kunden mit einem negativen oder zu niedrigen Nettoergebnis fokussieren will. Möglicherweise will man aus strategischen Gründen auf die Produktnutzung abstellen und sich die Kunden näher anschauen, die nur eines der Produkte der Bank oder Sparkasse nutzen oder zumindest unterdurchschnittlich viele Produkte. Natürlich sind auch noch viele andere Kennzahlen denkbar (Eigenkapital, Zinsmarge, Provisionserträge, ...)

Der **Vorteil** der Steuerungsorientierung liegt darin, dass ich schnell eine Wirkung auf meine Probleme bekomme und den Fokus auf die "Baustellen" in meinem Kundenportfolio lege.

Daraus ergibt sich gleichzeitig auch der **Nachteil** dieses Modells: der ausgewählte Kunde hat nicht unbedingt einen Bedarf oder ist nicht zwingend ansprechbar für weitere Themen. Damit wird es umso wichtiger, den Steuerungsimpuls aus der Kennzahl auch ernst zu nehmen und umzusetzen. Das kann bedeuten, dass das Kundensegment des Kunden herabgestuft werden muss, weil es ein potenzialarmer Kunde ist. Oder, es kann auch bedeuten, dass ich mich von dem Kunden trennen muss, wenn der Deckungsbeitrag negativ ist und ich kein Potenzial für eine Heilung sehe.

Die **Herausforderung** dieser Vorgehensweise liegt manches Mal in der Akzeptanz durch die eigene Mannschaft. Dadurch, dass ich nur einzelne Kennzahlen auswähle, gibt es häufig auch Adressen, die in anderen Kennzahlen dann wieder besser aussehen. Dies führt dann zu mühsamen Diskussionen und zu einer schwachen Umsetzung im Außenverhältnis. Die interne Kommunikation zur Vorbereitung und die Herstellung des relevanten Kontextes sind also sehr wichtig, um die Mannschaft gebündelt hinter der Vorgehensweise zu versammeln.

In der Realität wird man sehr wahrscheinlich beide Vorgehensmodelle nur als Mischversion vorfinden. Allein aus Ressourcengründen wird man schauen müssen, dass ine möglichst große Schnittmenge aus den beiden Modellen erzeugt wird, um den Nutzen für das Unternehmen zu maximieren.

Allerdings eines der beiden Vorgehensmodelle wird im "Lead" sein - und das andere seine Nebenbedingung.

Der Weg zu mehr Cross-Selling

Die Bestrebung nach Cross-Selling (CS), also einem Kunden mehr als nur ein Produkt zu verkaufen ist nicht neu. Die Gründe sind vielschichtig und reichen von Profitabilität (sinkende Kundenkosten, Cross-Sell-Produkte oftmals ohne Eigenkapitalbindung) über den Hausbank-Anspruch (wichtigster Bankpartner, ganzheitliche/umfassende Beratung) bis hin zur Wettberwerberabwehr.

Die Ansätze dafür sind ebenso vielfältig: statistische Potenzialanalysen, Musterkundenprofile, Finanz- und Beratungskonzepte und Einzelkundenplanung unter Einbindung von Spezialistenvertrieb.

Trotz alledem bleibt die Wirkung meist hinter den Erwartungen zurück. Warum?

- Die Akzeptanz der Mitarbeiter für den CS-Gedanken ist unterschiedlich. Damit auch die Verbindlichkeit mit der das Feld bearbeitet wird.

- Das Timing der CS-Themen muss auch immer passen. Der Kunde muss ansprechbar sein, ggfs. auch zu dem Zeitpunkt wechselbereit.

- Der Wettbewerb wird möglicherweise als kompetenter oder günstiger wahrgenommen (oder war in dem Moment schlicht schneller)

- Die Identifikation der Mitarbeiter mit einzelnen Produkten und Lösungen ist unterschiedlich stark ausgeprägt. Das kann ein Thema der fachlichen Kompetenz sein, ein unterschiedlicher Erfahrungshorizont (Kundenunternehmen, Wettbewerb) oder auch nur eine Frage der Einstellung

- **Die Vertriebssteuerung belohnt die alte Welt: höher-schneller-weiter**

Solange "viel" besser ist als "gut" wird alles beim Alten bleiben.

Natürlich ist es so, dass der Kredit ein Ankerprodukt in vielen Bankgeschäftsmodellen ist und bleibt. Er zeugt von Identifikation mit Kunden, löst ein wichtiges Kundenproblem und bietet gleichzeitig auch eine gute Kundenbindung.

Wenn man sich eine Bank-GuV anschaut, dann resultieren zumeist 75%-85% der Erlöse aus Zinsüberschuss - also im Kern dem Kreditgeschäft. Der Rest wird dann von 10 - 30 weiteren Produkten vertreten.

Was macht man? Das Hauptaugenmerk in Banksteuerung und -planung liegt auf dem Kredit. Größte Bilanzwirksamkeit , höchster Ergebnisbeitrag, starker regulatorischer Fokus (RWA, LCR) - und ggfs. über die EWB auch die höchsten Risiken.

Das Ergebnis? Das Kreditgeschäft wird und bleibt die wichtigste Planungsgröße. Es gibt neben Ertragszielen auch ein Volumensziel (die Bilanz will ja auch geplant sein). Und es ändert sich eben nichts. Ohne das Kreditgeschäft kann die Planung des Institutes nicht erreicht werden, aber neben dem höchsten Ergebnisbeitrag gibt es noch ein zweites Zielfeld (Volumen). Die kleinen (unbedeutenden?) CS-Dienstleistungen geraten damit noch weiter ins Hintertreffen.

Was muss sich ändern?

Zunächst muss sich die Vertriebssteuerung von der Banksteuerung lösen. Der Vertrieb muss Kundenziele bekommen, keine Bankziele. Es macht beispielsweise keinen Sinn, einem Akquiseur ein Neukundenziel von "0" zu geben, weil die Bank nicht wachsen will.

Zudem muss das Kundenportfolio als ein solches Begriffen und vor allem gesteuert werden. Unprofitable Kunden müssen profitabel werden - oder die Wege müssen sich trennen.

Über allem steht dann eine wertbasierte Steuerung, die über Nettodeckungsbeiträge (nach Risiko und direkten Kosten) arbeitet. Hierdurch wird der risikokostenbelastete und arbeitsintensive Kredit auf ein anderes Maß zurechtgestutzt. Und die Wirkung von CS-Produkten auf die Profitabilität der Kundenbeziehung gestärkt.

Wenn frisch in das Modell gewechselt wird, kann man überlegen auch Eigenkapitalkosten in die Nettodeckungsbeitragsrechnung einzubeziehen. Das stärkt dann den Stellenwert des CS nochmals, allerdings schwächt es dann auch etwas den Kredit = Eigenkapitalkosten in der Steuerung bieten sich nur dann (dauerhaft) an, wenn das Eigenkapital ein echter Engpassfaktor ist oder wenn das gesamte Kreditportfolio strukturell zu schlecht gepreist ist.

Jede Veränderung gelingt nur mit der zielgerichteten Steuerung!

Produkte und Produktvertrieb

In der Beratung am Kunden geht es naturgemäß um eben seine Herausforderungen und daraus abgeleiteten Bedarfen. Am Ende des Prozesses steht idealerweise als (Teil der) Lösung für den Kunden ein oder mehrere Finanzprodukte.

Gleichzeitig bewegt man sich in einem Markt mit – über die klassischen Banken und Sparkassen hinaus - alternativen Anbietern, die komplementäre Produkte oder gar Substitute anbieten. Kurzum: es gibt Produkte, in denen das Haus stärker oder schwächer ist als andere Häuser – und es gibt Themenfelder in denen der FKB stärker oder schwächer ist als seine Kollegen.

Insofern ist es nur natürlich, die Kunden auch aus der Sicht der eigenen Stärken heraus anzufliegen – allerdings sollte man tunlichst darauf achten, nicht nur aus der Komfortzone heraus lediglich Kunden zu generieren, die nur ein einzelnes Produkt im Haus nutzen.

Dem Gedanken des Customer-Lifetime-Values (CLV) folgend, muss jeder Produktabsatz zur a) Steigerung der Kundenbindung (=Verlängerung der Kundenbeziehung) und/oder b) zur Erhöhung des CLV-Barwertes (=zusätzliche Erträge) führen.

Konditionenmanagement: Weg mit alten Zöpfen

- Kennen Sie bei jedem Kunden alle seine Sonderkonditionen?

- Wissen Sie, warum sie die Sonderkonditionen irgendwann einmal gewährt haben?

- Wissen Sie, wann sie die Sonderkonditionen eingeräumt haben?

- Wissen Sie, was Sie die Sonderkonditionen bis heute gekostet hat?

Wenn auch nur eine einzige Frage mit Nein beantwortet werden musste, dann fehlt offensichtlich ein Konditionsmanagement.

Woraus besteht ein Konditionenmanagement?

Die Grundlage für ein Konditionenmanagement ist natürlich eine Produktpreisliste, die zu den einzelnen Produkten sowohl die Regeln zur Preisbildung als auch die Mindestpreise aufführt und regelt. Hinzu gehört einer Preiskompetenzregelung, die den Mitarbeitern im Vertrieb - je nach Konstellation gegebenenfalls auch gemeinsam mit Produktspezialisten - die notwendigen Spielräume für die Preisbildung am Kunden einräumt. Dieser Spielraum kann sicherlich einmal unterschieden werden in einen Komfortbereich, in dem keine gesonderte Abstimmung oder Überprüfung durch einen Dritten oder die Führungskraft notwendig ist, und in einen kritischen Bereich, in dem formelle Genehmigungsstrukturen zu schaffen sind und wo auch die Sonderkonditionen begründet werden muss und vor allem die Kosten bzw. der Verzicht an Deckungsbeitrag durch die Sonderkonditionen verpflichtend ermittelt werden muss

Der wichtigste Baustein in dem Konditionenmanagement ist jedoch die Befristung einer jeden Sonderkonditionen. Dies dient einer systematischen Wiedervorlage und Überwachung, sowie eine expliziten neuen Entscheidung der Sonderkondition in besonders kritischen Konstellationen.

Intelligenter weise regelt man noch mal separat eine Begrenzung von Quersubventionierung. Quersubventionierung ist ein natürlicher Reflex, sowohl beim Kunden wie auch beim Berater - allerdings viel häufiger nicht notwendig, als es eingesetzt wird.

Beispiel: Wenn mit einem Kunden eine komplexe und große Finanzierung verhandelt wurde und man dann am Schluss noch auf das Thema Kontoführungsgebühren zu sprechen kommt, dann ist der Reflex beim Betreuer ganz oft: „Naja, mit 120 € im Jahr gefährlich jetzt diesen Deal nicht!" Dieses gilt aber für den Kunden genauso, auch er hat kein Interesse seinen anstrengend verdienten Verhandlungserfolg für 120 € im Jahr auf Spiel zu setzen. Es geht hier offensichtlich um einen psychologischen, letzten Verhandlungserfolg und nicht um einen monetären Vorteil. Man könnte hart bleiben, man könnte aber auch die halbe Kontoführung anbieten oder die erlassene Kontoführung für das 1. Jahr - und all diese drei Varianten würde der Kunde sicherlich akzeptieren

Wenn jetzt das Beispiel erweitern – dahingehend, dass wir über eine Immobilienfinanzierung reden deren Rahmen ein großes Wohnprojekt entwickelt wurde. Wenn uns jetzt anschauen, wie sich in den letzten Jahr der Immobilienmarkt entwickelt hat, so ist doch vielmals die Immobilie bereits mit allen Wohnungen komplett verkauft worden, bevor die letzte Rate des Kredites überhaupt in Anspruch genommen wurde. Die Finanzierung der Projektentwicklung wird in einem viel geringeren Maß in Anspruch genommen, als geplant und zudem auch noch viel früher zurückgeführt. Das eigentliche Kreditgeschäft ist - bei unverändertem Arbeitsaufwand in der Bank oder in der Sparkasse - deutlich unattraktiver, als erwartet. Und wie fühlen Sie sich, wenn jetzt noch für die nächsten 20 Jahre das kostenlose Konto obendrauf kommt

Das Konditionenmanagement verfolgt folgende Ziele:

- Vermeidung von unnütz verschenkten Deckungsbeiträgen
- homogenere Preisgestaltung im Außenverhältnis (s.u.)
- frühzeitigere Identifikation von Konstellationen mit strukturell nachteiligen Deckungsbeiträgen (siehe das vorstehende Beispiel)

Zu der homogenere Preisgestaltung im Außenverhältnis: Wie wollen Sie Ihren Kunden eigentlich Preise erklären, geschweige denn ihre Preise durchsetzen, wenn sich in ihren Kundenkreis herum gesprochen hat, dass jeder etwas anderes bezahlt? Der Kunde hat doch dann gelernt, es jeder eine individuelle Behandlung bekommt, wenn er sie nur massiv genug einfordert. Die individuelle Behandlung soll der Kunde besser in der Beratung in Bezug auf die richtige Lösung für sein individuelles Problem bekommen, als in einem bis aufs Blut verhandelten Preis für eine möglicherweise austauschbare Leistung.

Abschließend noch als Hinweis: Aus eigener Anschauung kann ich berichten, dass die Einführung eines Konditionenmanagement mit entsprechenden Kompetenzregelungen dazu führt, dass weniger Sonderkonditionen eingeräumt werden. Dies erkläre ich mir mit zwei Gründen (alternativ wie additiv):

1. Der Vertrieb hat eine größere Transparenz über seinen Handlungsspielraum und empfindet die Preisuntergrenzen verbindlicher, als zuvor.
2. Der Mitarbeiter im Vertrieb mit einem gut ausgeprägten Selbstbewusstsein, wird aktiv versuchen zu vermeiden, seinen Chef um die Genehmigung von Billigpreisen zu bitten.

Dies klingt in der Darstellung stärker nach schwarz-weiß als es ist, aber der Erfolg wird einem Recht geben.

Degressive AfA 2020/2021 - Umsetzung Konjunkturpaket

Am 12.06.2020 hat das Bundesfinanzministerium das Konjunkturprogramm bekannt gegeben (Zweites Corona-Steuerhilfegesetz). Ein Baustein - u.a. neben der USt-Absenkung - ist die **(Wieder-)Einführung der degressiven Abschreibung für Anschaffungen von "beweglichen Wirtschaftsgütern des Anlagevermögens" aus den Jahren 2020 und 2021.** (In diesem Sinne auch rückwirkend innerhalb des Kalenderjahres.)

Der Höchstsatz der degressiven AfA beträgt 25% und sie darf maximal das 2,5-fache der regulären/linearen AfA betragen.

Wenn man auf diese Parameter schaut, dann entfaltet die AfA also bei (beweglichen) Wirtschaftsgütern (des Anlagevermögens) mit einer betriebsgewöhnlichen Nutzungsdauer von 10 Jahren die höchste Wirkung - es kann der Höchstsatz an AfA, also die 25% geltend gemacht werden.

Auf diese Weise kann in den ersten 4 Jahren statt 40% (lineare AfA) über 68% amortisiert werden.

Dies ist natürlich attraktiv für Unternehmen, die niedrigere Gewinne zeigen wollen (sei es, weil ein überdurchschnittlicher Geschäftserfolg nicht so sehr ins aktuelle Bild passt, sei es auch aus anderen Gründen (Zuschüsse, Ausschüttungssperre)) oder die Investition schneller amortisieren müssen (Wertentwicklung des Investitionsobjektes passt nicht zur offiziellen AfA-Tabelle). Unter bestimmten Bedingungen kann auch Leasing sinnvoll eingebunden werden (z.B. Off-Balance nach HGB oder wenn Miete statt AfA in der GuV gezeigt werden soll.

Anmerkung: Dies ist lediglich ein potenzieller Vertriebsansatz auf Basis einer Veröffentlichung des BMF und stellt keine steuerliche Beratung dar, keinesfalls kann hierdurch eine solche ersetzt werden. **Dieser Beitrag richtet sich an Mitarbeiter in Banken und Sparkassen.** Wenn Sie ein Unternehmer oder Unternehmen sind, so konsultieren Sie Ihre Buchhaltung bzw. Ihren Steuerberater oder Wirtschaftsprüfer.

Asset-based finance (Leasing und Mietkauf)

Abgrenzung zum klassischen Investitionskredit

- statt Geld für eine Investition (und ggfs. anschliessender Besicherung) wird das Investitionsobjekt zur Verfügung gestellt oder zumindest der Nutzen aus der Investition

- es wird also mit der Eigentümerstellung an dem Objekt, dem Asset gearbeitet

- hieraus resultieren verschiedene Effekte, die je nach Situation und Perspektive vorteilhaft sein können

Vorteile für den Kunden / den Unternehmer

- Leasing (da mietähnlich) wird nach HGB nicht bilanziert (in IFRS nur in bestimmten Konstellationen nicht (sog. operate leases oder Bagatellverträge))

    o hierdurch können möglicherweise Covenants in anderen, bereits bestehenden Finanzierungsverträgen eingehalten werden (Verschuldungsgrad, EK-Quuote)

    o Verschuldungsgrad bleibt niedriger; hierdurch ggfs. "Schonung" des Ratings / der Unternehmensbonität (hängt jedoch vom jeweiligen Ratingverfahren ab und von der Ertragskraft des Unternehmen)

    o Mietaufwand statt Abschreibungen in der GuV = ist manchmal gewollt</li><li>EK-Quote bleibt unverändert = gelegentlich eine Zielquote für angestellte GmbH-Geschäftsführer

    o Leasing / Miete ist keine "formelle" Investition = bei größeren Unternehmen hierdurch manchmal kürzere Entscheidungswege oder in der Kompetenz einzelner Betriebsstätten

- Objektfinanzierung (Leasing/Mietkauf) kann unter Umständen auch kostengünstiger sein = sehr hochwertige Objekte reduzieren Risikokosten gegenüber einem Kredit. (Gilt hauptsächlich für kleinere Unternehmen (und mittlere Unternehmen bei geringer EK-Quote).

Vorteile für die Bank / Sparkasse / den Finanzier

- zusätzliche Kundenbindung durch die Begleitung von Kerninvestitionen des Kunden

- Kerninvestition sind betriebswesentliche Investitionen, in denen viel Herzblut des Unternehmers steckt = viele Gründungen entstehen rund um ein Produkt / eine Produktfamilie oder einen bestimmten (technischen) Prozess = Identifikation mit dem Maschinenpark ist zumeist höher als mit der Immobilie

- Absicherung durch die Eigentümerstellung am Objekt

- Leasing und Mietkauf: Aussonderungsrecht nach §47 InsO, sofern der Insolvenzverwalter die weitere Vertragserfüllung ablehnt (§ 103 InsO)

- bei Kerninvestitionen daher ein großer Anreiz des Insolvenzverwalters die Raten weiter zu bedienen, um den Betrieb aufrecht zu erhalten (auch bei Software: ERP-System)

- Mietkauf: Umsatzsteuervorteil bei Leistungsstörung = die gesamte Umsatzsteuer wird bei Vertragsabschluss durch den Mietkaufgeber abgeführt und beim Mietkaufnehmer als Vorsteuer gezogen. Bei einer Leistungsstörung muss die umsatzsteuerliche Leistung auf den anteiligen Vertragsstand angepasst werden = Der Mietkaufgeber kann einen Teil der USt zurückfordern (vom Finanzamt) und der Mietkaufnehmer schuldet einen (identischen) Teil der gezogenen VSt (dem Finanzamt).

Nach Corona: Die Rückkehr der Mezzanine-Programme?

Es geht los - alle arbeiteten sich im Mai aus dem Tal, dem Lockdown wieder heraus. Bei einigen Unternehmen reichen (hoffentlich) ein paar Stundungen, andere benötigen zusätzliche Liquidität, zum Beispiel in Form der Variante des KfW-Unternehmerkredites ("Corona-Hilfe"). Hier wie dort mag Kurzarbeit noch ein notwendiges Mittel sein.

Wenn wir einfach unterstellen, dass ein Unternehmen seine Fixkosten linear über das Jahr verteilt begleichen muss, dann stehen 1/6 bis 1/4 dieser Kosten in diesem Jahr keine oder nur sehr niedrige Umsätze gegenüber. Mit welcher Geschwindigkeit die Normalisierung das Unternehmen in die Gewinnzone zurückführen wird bleibt abzuwarten.

Die Liquiditätshilfen sind innerhalb von drei Jahren zurückzuführen und bei einer Umsatzrendite von 10% zu normalen Zeiten, mag dies die gesamten Ergebnisse der nächsten drei Jahre aufzehren. Die Gewinne sind damit weg, auch ohne Ersatz- oder Erweiterungsinvestitionen. Aus Sicht von Bilanzanalyse und Rating kann man sagen, dass sich die Verschuldung bei gleichzeitiger Substanzverschlechterung erhöht. Zuschuss oder Staatshilfe hin oder her - die Ratings der Unternehmen können in so einer Krise nicht besser werden. Realistischer Weise nicht einmal stabil.

Wer nicht in der Lage ist seine Margen ganz erheblich auszuweiten, der wird sich überlegen müssen, wie er in seine gesunden Bilanzverhältnisse zurückkehrt. Zusätzliches Eigenkapital oder eigenkapitalähnliche Mittel dürften an Relevanz gewinnen. Wer keinen strategischen Partner hat und/oder keinen Dritten in sein Unternehmen reinlassen will, der kommt an Nachrangkapital bzw. Mezzanine nicht vorbei.

Die Banken haben sich in den 2000ern schon einmal die Finger verbrannt, aber das passiert, wenn es aus einem individuellen Produkt für ganz bestimmte Unternehmen und Unternehmenssituationen eine Vertriebsinitiative wird, und es eine Verbriefungsstruktur zu füllen gilt. Ich glaube fest daran, dass der Player mit starker Bilanz und einem guten Blick für Geschäftsmodelle und Risiken zahlreiche Unternehmen finden wird und die Zusammenarbeit beide Seiten mehr als glücklich machen wird.

Kriterien für den Ansatz von Mezzanie als Eigenkapital (nach IDW [Institut der Wirtschaftsprüfer]):

- Nachrangigkeit der Einlage
- Erfolgsabhängigkeit der Vergütung
- Teilnahme am Verlust bis zur vollen Höhe der Einlage
- Längerfristigkeit der Kapitalüberlassung

In der Regel wird Mezzanine als stille Gesellschaft ausgestaltet, was bei einer ausbleibenden Rückzahlung zu einer Abwicklung der stillen Gesellschaft - und dann oftmals auch des Unternehmens - führt.

Eine Mezzaninefinanzierung könnte jedoch auch alternativ als Genussschein mit Rangrücktritt und Wandlungsrecht ausgestaltet sein. Der Genussschein ist ein Wertpapier und kann weiterverkauft werden. So kann sich bei wirtschaftlichen Schwierigkeiten oder bei Herausforderungen in der Rückzahlung noch zusätzliche Optionen erschlossen werden, die es ermöglichen das Unternehmen zu erhalten - zum Beispiel indem der Finanzier den Genussschein mit dem Wandlungsrecht an einen strategischen Investor veräußert.

Im Interesse beider Parteien sollte der Mezzaninevertrag eine 2 Jährige Verlängerung zum Verlustausgleich beinhalten, bevor das Wandlungsrecht ausgeübt werden kann - denn schließlich soll das Wandlungsrecht lediglich eine Sicherheit für den Finanzier darstellen. Eine primäre Ausübung des Wandlungsrecht ist nicht das Ziel einer solchen Struktur - insofern sind Absicherungsinteressen auf beiden Seiten zu berücksichtigen.

Ohne Leistungsstörung bzw. bei intakter Einlage erfolgt eine Rückzahlung am Laufzeitende zum Nennwert. Eine Nachholung einer (verlustbedingten) ausgebliebenen Verzinsung ist maximal in einem sehr engen Rahmen möglich - nur soweit die oben genannten Punkte (Eigenkapitalkriterien von Mezzazine des IDW) nicht außer Kraft gesetzt werden.

Produktassessment: Den Stall ausmisten

Ein Produktassessment hat zur Aufgabe eine strategische und kaufmännische Überprüfung des gesamten Produktportfolios zu leisten. Es geht um:

- kommerzielle Attraktivität
- Wettbewerbsvergleich / Benchmarking
- aktueller Stand im Produktlebenszyklus
- make-or-buy-Entscheidungen
- Regulatorik, NPP und andere exogene Faktoren und letztlich um
- die Balance von Chancen und Komplexität.

Wie oft überprüfen und hinterfragen Sie die Produktpalette ihres Hauses - mit der Bereitschaft wirklich etwas anzupassen, zu verändern oder abzuschneiden?

Meine Hypothesen:

- viel zu selten! und
- es ist in der Organisation immer leichter ein neues Produkt eingeführt zu bekommen, als wirklich ein totes Pferd zu entsorgen

Der Nutzen überzeugt:

- schärferes, pointierteres Angebot für die Kunden - und damit ein schärferes Profil
- geringere Komplexität im Vertrieb und in der Organisation
- bessere Margen und geringere Kosten

Die einzige Voraussetzung ist, dass mir Profitabilität wichtiger sein muss, als das kurzfristige Wachstum. Langfristig trägt auch gerade ein Produktassessment zu Wachstum bei - durch gewonnenen vertrieblichen Freiraum und einem schärferen Profil im Markt.

Umgang mit notleidenden Krediten seit April 2019 (NPL-Backstop)

Bereits seit etwa einem Jahr gibt es eine neue Regelung zum Umgang mit notleidenden Krediten, auch Non-performing loans (NPL) genannt. Diese EU-Verordnung (2019/630) ist am 25.04.2019 in Kraft getreten und findet seit 26.04.2019 Anwendung - d.h. für alle notleidenden Kredite, die ab dem 26.04.2019 notleidend geworden sind. Diese Verordnung ist - anbetracht der bisherigen Konjunktur und dem Niedrigzinsumfeld - den meisten vermutlich gar nicht wirklich aufgefallen. Anbetracht der Entwicklung in diesem Jahr, macht es durchaus Sinn, sich mit dieser Regelung einmal näher zu befassen.

Im Kern geht es darum, dass bei NPL in Abhängigkeit der verstrichenen Zeit Wertberichtigungen/Rückstellungen (als Mindestgröße zu verstehen) gebildet werden müssen. Nicht abgedeckte Positionen müssen vom Eigenkapital abgesetzt werden. Die Verordnung spricht auch von "freiwilligen Rückstellungen" - dies kann nur so verstanden werden, dass ggfs. auch dann (lediglich) handelsrechtliche Wertberichtigungen vorgenommen werden müssen, wenn der Abschlussprüfer keine hinreichende Materialität für handelsrechtliche UND steuerliche Wertberichtigungen feststellt. Damit sind diese Anpassungen als Mindestwertberichtigungen für NPL-Forderungen zu verstehen. Für die Wertberichtigungen wird jedoch zwischen dem besicherten und dem unbesicherten Teil unterschieden; hieraus mag sich in der Praxis wiederholter Gesprächsbedarf mit dem Prüfer (und ggfs. auch der Aufsicht) ableiten. Im Rahmen der Sanierung bzw. Abwicklung eines Engagements dürften die Einschätzungen zu den Sicherheiten auch mal "atmen". (Solange eine Bank nicht deutlich überkapitalisiert ist, wird sie die (freiwilligen) Rückstellungen (~Einzelwertberichtigungen) dem Kapitalabzug wegen der damit verbundenen Hebelwirkung () auf die Risikotragfähigkeit (RTF) wohl vorziehen.)

Die Definition der Ausfallereignisse (im Kern: 90 Tage Verzug) wurde nicht angepasst/erweitert.

- im ersten Jahr: keine Anpassung notwendig
- im zweiten Jahr: 35% Wertanpassung auf unbesicherte Forderungen
- ab dem dritten Jahr: 100% bei unbesicherten Forderungen
- im dritten Jahr: 25% auf den besicherten Teil (Mobilien/Immobilien)
- im vierten Jahr: 35% auf den besicherten Teil (Mobilien/Immobilien)
- im fünften Jahr: 55% auf den besicherten Teil (Mobilien/Immobilien)
- im sechsten Jahr: 70% auf den besicherten Teil von Immobilien, 80% bei Mobilien
- im siebten Jahr: 80% auf den besicherten Teil von Immobilien, 100% bei Mobilien
- im achten Jahr: 85% auf den besicherten Teil von Immobilien

- ab dem neunten Jahr: 100% auf den besicherten Teil von Immobilien

Was bedeutet das jetzt in der Praxis?

Grundsätzlich wird jede Bank, jede Sparkasse versuchen zusätzliche Wertberichtigungen über die eigene Einschätzung hinaus zu vermeiden; in jedem Fall aber die aufsichtsrechtlichen Kapitalabzüge. Also wird die Einschätzungspraxis auch auf die Bemessung von angemessener Tendenziell vorsichtiger werden und sich diesem Mindestlevel annähern. Kreditausfälle werden also (zumindest vorübergehend) teurer für die Banken.

Die Aufsicht will einen Anreiz schaffen, dass sich die Banken aktiv mit ihrem NPL-Portfolio beschäftigen und nichts "aussitzen". (Wobei es sicherlich Länder gab und gibt, wo dies ein größeres Problem als in Deutschland ist.)

Als Bank werde ich doch nun versuchen möglichst zügig meine Blankorisiken abzubauen; spätestens im Jahr 3 könnte ich an einen Dritten verkaufen - und mit positivem Kaufpreis lohnt es sich für mich bzw. entlastet meine GuV.

PS: Auch für den Forderungskäufer gilt das historische Ausfalldatum bei der Ermittlung der notwendigen Wertberichtigung. Dies spricht dafür, dass aus dem Käuferkreis Banken bzw. KWG-regulierte Institute *tendenziell* ausscheiden.

Auch die besicherten Forderungsteile kosten zunehmend mehr Geld bzw. schlagen sich stärker in der GuV durch. Bei Mobilien macht eine zügige Verwertung ohnehin meistens Sinn, um durch zu langes Abwarten und fehlende Nutzung/Wartung der Maschinen keine zusätzlichen Wertverluste zu erleiden. Aber auch bei Immobilien wird die Bank bis zu einer Verwertung nicht einen neuen Zyklus abwarten können. Es ist also gut möglich, dass wir mehr bzw. schnellere Zwangsversteigerungen sehen und auch Banken sich auf niedrigere Gebote einlassen ("müssen"/werden), als in der Vergangenheit.

Dann hoffen wir mal, dass es noch ein wenig dauert, bis wir diese Erfahrungen machen dürfen.

Firmenkunden: Kreditentscheidungen im Corona-Zeitalter

Bis Ende Februar 2020 hatte wohl die meisten Unternehmer ein "eingeschwungenes" Verhältnis zu Ihrem Firmenkundenberater. Man kennt sich (oder: kannte sich), die Gespräche folgen meist einem bekannten Muster, jeder weiß, was er dem jeweils anderen zu erwarten hat - manchmal mit, meist ohne Steuerberater. Egal ob Jahresgespräch, oder ob gerade etwas anstand.

Mit dem Lockdown hat sich dann diese Welt ganz schnell zu drehen begonnen. Natürlich, im ersten Moment ging es einmal darum die ganzen Brandherde zu löschen, die sich überall aufgetan haben und die Förderbanken - allen voran die KfW - leisteten Ihren Beitrag.

Für eine Kreditentscheidung gibt es eine wirtschaftliche Seite zu beachten (Risk/Return) und eine Formelle (KWG §18, MaRisk, etc.). Auch hier leisteten die Förderprogramme gute Dienste - durch die Enthaftung der Banken und durch die präzise Vorgabe der Vergabekriterien.

Jetzt sind wir aus dieser Phase der Krise jedoch herausgewachsen und suchen eine neue Stabilität bzw. eine neue Normalität.

Schon früher war bekannt, dass Vergangenheitswerte nur sehr eingeschränkte Aussagekraft für die Zukunft haben. Trotzdem spielten und spielen Jahresabschlüsse eine zentrale Rolle in der Analyse der wirtschaftlichen Verhältnisse eine Kreditnehmers.

Ich denke, kaum eine Bank und kaum ein Unternehmen hatte ein Lockdown-Risiko für sich im Risikomanagement identifiziert und sich systematisch darauf vorbereitet. (Mit Ausnahme einiger Großkonzerne - womöglich die, die bereits bei der KfW auf der Matte standen, bevor die Maßnahmen politisch verabschiedet waren.)

Aus dem Jahresabschluss allein kann ich möglicherweise nicht sicher herauslesen, ob ein Unternehmen systemrelevant ist, wie stark Einbrüche zu erwarten sind, wie schnell eine Erholung einsetzen kann und welche Gegenmaßnahmen das Management einleiten kann.

Es gibt seit Jahren eine eher wenig beachteten Abschnitt im Rating im Bereich der sogenannten "Qualitativen Merkmale": Die Einschätzung des Managements, die Managementqualität. Einträge hier können das Ratingergebnis verbessern oder verschlechtern.

In der Vergangenheit wurde oftmals von der Managementeinschätzung wenig Gebrauch gemacht und der Wert im neutralen Bereich gelassen. Das machte weniger angreifbar, schließlich ist eine Einschätzung nicht immer leicht zu Objektivieren. Manche Häuser neigten, wenn sie geändert haben, eher in die positive Richtung ("Der ist doch erfolgreich, dann muss der auch gut sein. Außerdem, wenn ich den negativ einschätze, dann beschädige ich doch intern meinen eigenen Kreditantrag.")

Dies dürfte sich jetzt ganz deutlich ändern.

Ich muss mir als Banker heute unverändert den Jahresabschluss ansehen, weiß aber auch, dass er mir noch weniger hilft als in der Vergangenheit. Natürlich sehe ich mir unterjährig auch die BWAs des Kunden an, um zu sehen, wie sich sein Geschäft in und nach der Krise verändert.

Aber: ich schaue mir ganz besonders den Unternehmer als Manager an. Die Attribute, auf die ich besonders achte sind "Planung" und "Anpassung".

Planung: Wie gut kann der Unternehmer die aktuelle Situation und die Erwartungen über den Geschäftsverlauf planerisch vorwegnehmen und einen realistischen Entwicklungspfad in die Zukunft aufzeigen? Wie gut kann er seine Planung herleiten und erläutern? Welche zentralen Annahmen liegen der Planung zu Grunde? (Und - sofern im Zuge der Krise Stundungen nötig waren und/oder Liquiditätshilfen: Wie lassen sich diese Mittel im Rahmen eines normalen Geschäftsganges zurückführen?)

Anpassung: Welche Maßnahmen ergreift der Unternehmer, wenn sich die Planannahmen nicht bewahrheiten oder wenn es ein neues, ungeplantes Ereignis gibt, dass die Planung "über den Haufen" wirft? Welche Kosten lassen sich kurzfristig beeinflussen? Welche zusätzlichen Produkte oder Dienstleistungen könnten zügig in das Angebot aufgenommen werden?

Daneben sollte jeder Unternehmer seine persönliche Corona-Krise parat haben: Wie war ich betroffen? Wie habe ich reagiert? Was habe ich gelernt? Welche Schwachstellen habe ich in meinem Unternehmen identifiziert (und abgestellt)? Was würde für mich ein neuer Lockdown bedeuten? Wie gut bin ich vorbereitet?

Der Unternehmer muss letztlich beweisen, dass er nicht nur wachsen kann und von seinen eigenen Produkten überzeugt ist, sondern dass er Qualitäten als Krisenmanager hat und - dass er einen Plan für die Zukunft hat.

Diese Gespräche sind wahrscheinlich für Kunde wie Berater erst einmal neu und womöglich auch anstrengend. Andere Themen als bisher bekommen einen größeren Raum und eine größere Tiefe.

Ich glaube jedoch, dass am Ende Kunde und Berater gemeinsam davon profitieren. Der Kunde hat einen Rahmen, in dem er sich und seine Planung reflektieren kann - und möglicherweise bekommt er auch wertvolle Impulse und Anregungen von seinem Berater. Der Berater wird im Gegenzug den Kunden (noch) besser verstehen als zuvor - und es wird ihm leichter fallen als in der Vergangenheit seine Produkte als Lösungen für den Kunden in der Gedankenwelt des Kunden anzusprechen.

In einer Zeit in der durch Globalisierung, Digitalisierung und Arbeitsverdichtung immer mehr Gespräche in immer kürzerer Zeit geführt werden, bietet eine Pandemie die Zwangspause, die es manchmal braucht, um bewusst Prioritäten zu verschieben und so wieder an Tiefe und letztlich auch Qualität zu gewinnen. Das gilt für den Unternehmer - wie für den Berater.

Bearbeitungsentgelte für Kredite

Am 4. Juli 2017 ist ein für die Kreditwirtschaft bedeutendes Urteil gefallen (BGH XI ZR 562/15): Auch für gewerbliche Kredite sind Bearbeitungsentgelte unzulässig. Im Jahr 2014 gab es bereits ein entsprechendes Urteil für Verbraucher und einige Banken haben sich bereits ab diesem Zeitpunkt darauf eingestellt, dass auch in diesem Fall die Verbraucherrechtsprechung in die gewerbliche Rechtsprechung übertragen wird.

So stellte auch das Urteil in 2014 darauf ab, dass mit der formularmäßigen Verwendung der Bearbeitungsentgeltklausel allgemeine Geschäftsbedingungen vorliegen und somit der Inhaltskontrolle unterliegen. Nach §305 (1) S. 3 BGB („Allgemeine Geschäftsbedingungen liegen nicht vor, soweit die Vertragsbedingungen zwischen den Vertragsparteien im Einzelnen ausgehandelt sind.") besteht die Heilung darin, die Vertragsbedingungen auszuhandeln.

Aushandeln geht jedoch über einfaches Verhandeln hinaus. Aushandeln bedeutet eine bestimmte Kondition insgesamt zur Disposition zu stellen und nicht nur über die Höhe dieser Kondition zu verhandeln. Es ist jedoch schwierig, dies strukturiert in einer Organisation hinein zu tragen, ohne dabei zu Prozessen oder vor Formulierung zu gelangen, die ihrerseits wieder neue allgemeine Geschäftsbedingungen begründen und somit ebenfalls wieder angreifbar werden.

Der gängige Lösungsvorschlag in der Praxis besteht darin, dass einem Kunden zwei alternative Konditionen angeboten werden. Zum Beispiel eine Variante höheren Zins und eine Variante mit niedrigerem Zins, aber dafür mit einem zusätzlichen Entgelt. Damit ein echtes aushandeln vorliegt, müssen beide Varianten gleichwertig sein – gleichwertig bedeutet aber nicht mathematisch identisch. Beide Varianten müssen jedoch echte oder sinnvolle Alternativen zu einander sein. Über die Auswahlmöglichkeit zweier verschiedener Konditionen wird jeweils eine der beiden Konditionen zur Disposition gestellt und der Kunde hat die freie Auswahl; somit liegt ein echtes Aushandeln vor.

Insoweit war die Entwicklung der Rechtsprechung für viele vorhersehbar; einige, wenn auch nicht alle, haben sich in den drei Jahren davor bereits darauf eingerichtet.

Was jedoch überraschend war, ist die Tatsache, dass das Urteil bei einer (bzw. drei) gewerblichen Immobilienfinanzierung(en) gefallen ist. Gerade in diesem Teilsegment des gewerblichen Kreditgeschäftes ist die Verwendung von Bearbeitungsentgelten seit Jahrzehnten gängige Praxis. Ich hatte eigentlich fest damit gerechnet, dass man über die Verkehrssitte (siehe BGB §242) argumentieren kann und keine unangemessene Benachteiligung nach BGB §307 (1) feststellt.

Das Gericht erkannte zwar den erhöhten Aufwand des Kreditinstitutes für eine Projektentwicklungsfinanzierung an – und schlug sogar die Brücke zu vergleichbaren Tätigkeiten eines Architekten während eines Bauvorhabens – führte aber sodann aus, dass diese Tätigkeiten sämtlich im Eigeninteresse des Kreditinstitut stattfänden. Und somit läge keine eigenständige vergütbare Leistung vor.

Dies bringt einen etablierten Markt erheblich in Schwierigkeiten, denn je nach Abverkaufssituation ist es für ein Kreditinstitut durchaus denkbar, dass eine zugesagte Finanzierung nicht in Anspruch genommen wird.

Natürlich kann ein fehlendes Bearbeitungsentgelt auch über eine Bereitstellungsprovision, sowie eine zugleich und entsprechend erhöhte Kreditmarge ausgeglichen werden. Jedoch sind sowohl die Bereitstellungsprovision, als auch die Kreditmarge Größen, die auf einen Zeitraum wirken, während ein Bearbeitungsentgelt eine Zeitpunktzahlung darstellt.

Wenn ein Bauvorhaben also schneller fertig gestellt wird als geplant, dann verdient das Kreditinstitut in jedem Fall weniger als geplant – bei gleicher Arbeitsleistung (und identischem anfänglichen Kreditrisiko bei Entscheidung des Kreditantrags) des Kreditinstitutes.

Sofern das Bauvorhaben länger dauert als geplant, dann ist dies regelmäßig auf unvorhergesehene Verzögerungen zurückzuführen. Sobald hier ein vorgegebener Zeitrahmen deutlich überschritten wird, ist ohnehin eine Überplanung der Finanzierung notwendig. Typischerweise wurden auch für notwendige Restrukturierungen einer Finanzierung jeweils Bearbeitungsentgelte fällig – inwieweit hier dann noch eine Bereitstellungsprovision ihren Zweck erfüllt oder auch die richtige Signalwirkung sendet, sei einmal dahingestellt

Ich frage mich, was passieren muss oder wie lange eine Usance gelebt werden muss, bis diese auch vor dem Recht als Verkehrssitte anerkannt wird.

Anmerkung: Diesen Beitrag stammt ursprünglich von Ende 2017, hat jedoch nach wie vor Gültigkeit.

Certified Financial Planner (CFP) im Firmenkundengeschäft

Wenn man sich im Markt zu umschaut, dann findet man viele Banken und Sparkassen die in ihrem Private Banking bzw. im Wealth Management das Financial Planning für ihre Kunden als zusätzliche Dienstleistung anbieten. Dies liegt mit der Grundidee des Financial Planning natürlich auf einer Linie.

Ich persönlich habe jedoch noch nie von einem Financial Planner in der Rolle eines **Co-Betreuers** am Firmenkunden gehört. Und ich frage mich, woran das wohl liegen mag. Schließlich ist es das erklärte Ziel und auch eine betriebswirtschaftliche Notwendigkeit, von den Firmen - und Unternehmenskunden auch die private Seite zu betreuen und mit den eigenen Leistungen und Lösungen zu versorgen.

Die Erfahrung in vielen Häusern dürfte doch sein, dass der Firmenkundenberater vorwiegend mit dem Unternehmer in seiner Rolle als Geschäftsführer spricht, da diese Themen das Tagesgeschäft dominieren und die Vielzahl der Kontakte auf dieserlei Themen entfällt.

Wenn ich mir vorstelle, dass ein Institut für sich eine schlankere Finanzanalyse und -planung schafft (im Sinn von 80/20 = mit 20 % des Aufwandes noch 80 % der Erkenntnisse generieren): mit einfacher und strukturierter Erfassung der Vermögenswerte (z.B. auf Basis von eigenen, vorliegenden Informationen oder auch einer Vermögensaufstellung), so wäre es damit strukturiert und in der Breite in der Lage, den Unternehmer auch in seiner Rolle als Gesellschafter im Hinblick auf seine Vermögensziele (mit u.a. dem Unternehmen als zentralen Vermögenswert!) anzusprechen.

Über die weitere Person des Co-Betreuers und ein vergleichsweise kleines Hilfsmittel gelingt es, an die bereits bestehende Beziehung anzudocken und diese auf eine neue Ebene zu führen. Dies ist jedoch als kostenloser Gesprächseinstieg (=Financial Planning "light" als Kommunikations-/Vertriebsansatz, nicht als eigenständige Dienstleistung) zu verstehen und nicht als „abgespecktes" Beratungsmandat - im Gegenzug ist es dann recht und billig, wenn der kleine Finanzplan gewisse Stärken aufweist, wo das einzelne Institut besonders leistungsfähig ist.

Mit dem Unternehmer können dann strukturiert und systematisch Vermögensziele besprochen werden und man kann in eine gemeinsame Zukunftsplanung einsteigen. Wenn der Boden bereitet ist - und der Kunde aus dem Erstgespräch für sich einen Mehrwert ableiten konnte, wird er sich womöglich darüber hinaus für die gesamte Dienstleistung des Financial Planning begeistern.

Nach meiner Erfahrung ist ein Unternehmer rund um die Uhr ein Unternehmer. Auch seine private Seite dreht sich damit im Schwerpunkt um sein Unternehmen. Die gesamte Zukunft hängt daran: er oder sie selbst, die Familie, der soziale Status, ... und: es ist üblicherweise der größte Vermögenswert in der Unternehmerfamilie. Natürlich mag ein Unternehmer ein Bedarf für einen Bausparvertrag haben oder über eine Lebensversicherung seine Familienangehörigen absichern wollen, aber für sich genommen sind es nicht seine großen Themen, die ihm (oder ihr) den Schlaf rauben. Es sind Themen, die im Vorbeigehen erledigt werden. Es sind Themen mit low-involvement - wie ein Paket Mehl im Supermarkt. (Natürlich will der Kunde das beste Produkt und den besten Preis, aber er will sich nicht damit befassen!)

Wenn ich jedoch mit einem Unternehmer über die Zukunft spreche, über seine Zukunft – egal ob aus der Perspektive Geschäftsführer oder Gesellschafter - werde ich seine echte Aufmerksamkeit haben. Die Lösungen, die dann den Weg in die Zukunft flankieren, werden sich ergeben - davon bin ich fest überzeugt. (Nicht ganz unwahrscheinlich ist es auch so, dass er/sie selbst das Gefühl hat, dass die Gesellschafterseite zu kurz kommt - in all den operativen Zwängen, so dass grundsätzlich eine Offenheit oder ein Unterstützungsbedarf für diese Themen da ist; nur: wem öffnet sich der Unternehmer/die Unternehmerin?)

Abschließend kann ich nur meine Frage wiederholen: **Warum gibt es keine (oder nur so wenige?) Certified Financial Planner als Co-Betreuer im Firmenkundengeschäft von Banken und Sparkassen?**

Kundenorientierung

Der Begriff der Kundenorientierung wird immer dann gern strapaziert, sobald es um irgendetwas mit Kunden geht. Leider ist das dann nicht immer kundenorientiert und die inflationäre Nutzung des Begriffes lässt ihn ein wenig zur Floskel verkommen.

Dabei ist Kundenorientierung sehr wichtig und steht gerade Finanzdienstleistern, insbesondere Banken und Sparkassen, sehr gut zu Gesicht. Durch viele, oftmals alte, IT-Systeme, komplexe Prozesse und eine überbordende Regulatorik wird viel zu oft nach innen geschaut und aus der eigenen Welt heraus gedacht, statt aus der Welt des Kunden. Auch die in der Einleitung skizzierte Überlebensstrategie lenkt mehr Aufmerksamkeit nach innen als nach außen.

"Wir sind die erste Bank am Platz!"

Wir sind die erste Bank am Platz! Wir werden von den Kunden angesprochen!" Diesen Satz hörte ich in einem Vorstellungsgespräch Ende des Jahres 1998.

So selbstbewusst er im ersten Moment klingt, so sehr romantisiert und erhebt er die Passivität zur Verhaltensmaxime und zum Markenkern.

In den letzten 20 Jahren hat sich diese besagte Bank ganz erheblich entwickelt und verändert. Diesen Satz wird man dort nie wieder hören - er ist nicht nur heute aus der Zeit gefallen, sondern er war es - wenn man ehrlich ist - damals auch schon.

Mein Vater trug Zeit seines Lebens einen Groll gegen das deutsche Bankwesen in sich, weil ihm Ender der 50er ein kostenloses Gehaltskonto im Gegenzug zum Verzicht auf die Lohntüte versprochen wurde. Er gehörte damit noch zu der Generation der weitgehend finanziell unselbständigen Menschen, die die Bankprodukte weder kannte noch wirklich verstand. Er ging zu seinem Berater und der hat ihm geholfen, der hat sich gekümmert.

Den (geistigen) Generationenwechsel in der Kundschaft hat die Finanzindustrie selbst unterstützt und beschleunigt. In meiner Ausbildungszeit (Anfang der 90er) haben wir die Kunden zur Selbständigkeit erzogen: mit Kontoauszugdrucker, Geldautomat und dem selbst Ausfüllen der lästigen Überweisungsvordrucke. Das Bankwesen hat seine "Magie" für den Otto Normalverbraucher verloren und er hat selbst gelernt in Prozessen und Zuständigkeiten zu denken - er organisiert sich als Geschäftsvorfall selbst. (Das Bankwesen hat seine Kunden für die Digitalisierung quasi selbst vorbereitet.)

Hinzu kommt, dass der Ansprechpartner für den Kunden die Exklusivität eingebüßt hat. Der Mitarbeiter, der für alles zuständig war, ist einem Modell aus Generalisten und Spezialisten gewichen. Das führte und führt zwar in der Beratung zu mehr fachlicher Tiefe (und damit im Zweifel auch zu objektiv besseren Ergebnissen aus Sicht des Kunden), aber: der Kunde hat auch gelernt, dass "sein" Berater nicht alles weiß und bei Bedarf einen Spezialisten hinzuzieht. Und so lernt der Kunde auch: es gibt Basisthemen (ohne oder mit einfachem Beratungsbedarf) und Spezialthemen mit erhöhtem Beratungsbedarf. Maßstab aus Sicht des Kunden dürfte wohl jeweils die Tragweite der zu treffenden Entscheidung sein.

Des Weiteren stiegen mit dem Internet die Informationsmöglichkeiten (mal ganz zu schweigen von Werbung) rund um Geldanlagen, Bankprodukte, Verbrauchertipps, Gerichtsurteile, usw. exponentiell an - und es wurde partiell für Bankmitarbeiter durchaus fordernder, in Kundengesprächen bei der allgemeinen Informationsflut in vergleichbarem Masse mitzuhalten. Zumal eine Wettbewerbsbeobachtung für die Banker immer wichtiger wurde. Nur so konnte es gelingen auf Ballhöhe zu bleiben und auf neue Themen und Fragen richtig zu antworten. (Daraus sind dann auch so manches mal weitere Spezialisten entstanden.)

Mit steigender durchschnittlicher Finanzbildung und der parallel voranschreitenden Technisierung hat sich in den letzten 20 Jahren in großem Umfang eine Commoditisierung* aller Finanzdienstleistungsprodukte vollzogen. Als Kunde bekomme ich jetzt alles und überall; die Produktunterschiede sind im Zweifel kleiner als sie jemals gewesen sind. (* durch Rechtsprechung/Verbraucherschutz und Wettbewerbsdruck haben sich die Produktmerkmale der verschiedenen Anbieter fast bis an die Beliebigkeit angeglichen; Commodity = fungibles bzw. vertretbares Wirtschaftsgut)

Fast jedes Produkt oder Lebensthema, dass eine finanzielle Facette beinhaltet wird heute inklusive einer Lösung für eben diese finanzielle Facette angeboten. Das ist die Ratenzahlung beim Möbelkauf, die Elektronikversicherung beim Handykauf. usw. usw.

Privat war ich das letzte Mal zur Kontoeröffnung in einer Filiale. Das ist schon ein bisschen her. Gut, ich fühle mich jetzt auch unterdurchschnittlich beratungsbedürftig - aber eine gute Idee würde ich ja nicht vom Tisch wischen. Die einfache Verheißung ist: "Komm zu mir, ich will Dich kennenlernen und dann kann ich Dich gut beraten!". Meine Frau ist z.B. bei einer Bank, wo sie alle 1,5 Jahre ein neuer Berater kennen lernen will. (Womöglich ist hier schlicht die Durchführung von Kundenterminen verzielt.)

Aber: was wäre denn ein Grund für mich, so einen Termin anzunehmen? Der Kaffee ist es nicht. Und wenn mich jemand versucht zu sich zu bestellen, obwohl er etwas von mir will - dann habe ich vermutlich auch nicht richtig Lust. Also muss die Einladung interessant sein - und mir einen Nutzen versprechen. "Kennenlernen" reicht nicht als Cliff-Hanger...

Wenn (Corona mal außen vor) der Kunde nicht mehr zum Berater kommt, dann ...

... gibt es verschiedene Antworten und Möglichkeiten. Neben Wahl des Vertriebskanals, Auslastung der Berater (Dimensionierung der Ressourcen) liegt auf der Zunge: "Dann muss der Berater zum Kunden kommen." Das kann schon mal passen, ist für sich allein genommen aber falsch:

Der Kunde kommt (in der Regel) nicht mehr zum Berater,

- nicht weil die Filiale so weit weg ist,
- nicht weil er nicht mehr weiss, wo er hin muss oder
- nicht weil er den Berater nicht mehr kennt, **sondern**

weil er kein Dringlichkeitsgefühl hat, dass er ihn benötigt

Der Kunde hilft sich selbst. Im Zweifel auch mit dem bequemen Angebot vom Wettbewerb oder den attraktiven Finanzierungskonditionen im Autohaus. **Und: der Kunde geht im Grundsatz davon aus, dass er keine blinden Flecken in seiner Bedarfslandkarte hat, weil er autark handelt.**

Ich muss dem Kunden also zuerst ein Dringlichkeitsgefühl für eine Beratung vermitteln, einen **Bedarf** nicht nur identifizieren (Problem aufzeigen!) , sondern vor allem **aktiv kommunizieren** (Lösungsversprechen!).

Die erste Bank am Platz wird nicht mehr angesprochen. Die erste Bank am Platz spricht ihre Kunden an - oder verschwindet in der Belanglosigkeit.

Wichtiger als die eigentlichen Produkte sind damit die Verkäufer, die Berater am Kunden. Das war früher auch schon so, aber inzwischen gibt es immer weniger Möglichkeiten dies auszugleichen. Der Wettbewerb ist härter und die Strahlkraft der Dachmarken ist schwächer. Und: der Bedarf an Kreativität und Weiterbildung in den Banken und Sparkassen war nie so hoch wie heute.

PS: Dies gilt für das Privatkundengeschäft wie für das Firmenkundengeschäft der Banken gleichermassen, wenngleich sich meine Beispiele eher am Privatkundengeschäft orientierten. Aber: wieviele Banker und andere Spezialisten sitzen heute in verantwortungsvollen Positionen in den kaufmännischen Abteilungen (Finanzen, Treasury) der Kundenunternehmen? Nicht nur die Banken sind einem Strukturwandel unterworfen, die Kunden haben ihrerseits auch Knowhow aufgerüstet und sich in ihren Strukturen professionalisiert.

Achtung Verwechselungsgefahr: Kundenorientierung!

Was versteht "man" eigentlich unter Kundenorientierung?

Also ich verstehe unter Kundenorientierung:

- **Ich richte mein ganzes Handeln auf den Kunden aus.** Alle meine Aktivitäten sollen sich um den Kunden, seine Bedürfnisse, seine Themen drehen. Alle anderen Aktivitäten unterlasse ich - versuche ich zumindest (siehe auch Lean-Management.)
- **Ich richte mein ganzes Angebot auf dem Kunden aus.** Meine Produkte und Dienstleistungen werden vom Bedarf des Kunden, seiner Wahrnehmung und seinen Prozessen und Schnittstellen her gedacht. Ich versuche nicht meine Logik, meine Prozesse und meine Strukturen durchzusetzen, sondern die des Kunden aufzunehmen bzw. zumindest dort anzudocken.
- **Ich denke wie meine Kunden.** Ich bewege mich in der gedanklichen Welt meines Kunden, so verstehe ich ihn und kann seine Bedürfnisse auch proaktiv erkennen und ihm bei der Bewältigung seiner Herausforderungen bereits in einem sehr frühen Stadium unterstützen - weil ich sie mitdenke. So biete ich echte Mehrwerte für meine Kunden.

Kundenorientierung ist (für mich) **jedoch keinesfalls identisch mit Kundennähe.**

Hier setzt die Verwechselungsgefahr an. Kundennähe lässt sich synonym mit Sympathie und Freundschaft anreichern. Kundennähe kann ein Ergebnis sein, wenn die Chemie stimmt, die Geschäftsbeziehung intakt ist - oder auch andere Dinge gut zusammenpassen. Aber Vorsicht: Die Kundennähe ist nicht das Ziel von Kundenorientierung und schon gar nicht identisch zu einer Kundenorientierung! Das Problem der Kundennähe ist, dass ein gleichberechtigtes Verhältnis für die Zukunft der reinen Sympathie ausgeliefert und mindestens eine der beiden Parteien in einen Loyalitätskonflikt gezwungen (werden) wird. (Genau genommen unterwirft sich die Partei einer gleichberechtigten Partnerschaft der anderen, sobald sie die Nähe für sich zum Kernziel der Partnerschaft erklärt. Das ist für Geschäftsbeziehungen keinesfalls gesund.

Kundenorientierung ist ein Denkmodell, eine Geisteshaltung - alles andere, was gern als kundenorientiert angesehen wird, sind (idealerweise) die Folgen davon, aber nicht die Kundenorientierung selbst.

Diese Unterscheidung ist sehr wichtig, wenn man eine Organisation wirklich kundenorientiert ausrichten möchte. Wenn man zu früh falsch abbiegt, dann besteht die Gefahr, dass man sich mit dem Controlling der Symptome zufrieden gibt - ohne wirklich an den Ursachen zu gestalten

PS: Kundennahe Menschen nehmen gern die Antwort des Kunden im Geiste vorweg. Egal ob Produkt oder Preis. Manchmal führt es dazu, dass sie den Kunden nicht ansprechen - sie wissen ja, wie er reagieren wird... Kundenorientierte Menschen sind sich sicher*, dass ihr Angebot das Richtige ist, sie sprechen den Kunden an - und halten auch beim ersten Nein aus Überzeugung noch dagegen. (* entsprechende Vorbereitung auf Kunden und Situation natürlich unterstellt

Über die Ethik des Verkaufens

Ist verkaufen eigentlich unanständig? Ich erlebe immer wieder zwei Arten von - sagen wir mal - Grenzwahrnehmungen: auf der einen Seite den aggressiven Drücker, den man gern auch mal am Telefon hat und nicht so recht wieder los wird. Und auf der anderen Seite die aufopferungsvolle Beratung, die immer weitere Ideen und Kollegen hinzuzieht und scheinbar darauf hofft, der der Kunde erlöst in dem er das Schauspiel unterbricht - und kauft.

Es mag also durchaus sein, dass manche Menschen Vorbehalte gegen das Verkaufen haben. Dies dürfte sich aus den soeben skizzierten Grenzwahrnehmungen speisen. Die eine Seite verhält sich unethisch, ist aggressiv und hält den Kunden für unmündiges Konsumvieh und die andere Seite will sich davon distanzieren, reinwaschen und gibt dafür Verantwortung und Führung ab.

Halten wir fest: wir haben sein einigen Jahrzehnten einen Käufermarkt, d.h. es herrscht ein Überangebot und eine Überauswahl für fast alle Produkte und Dienstleistungen. Es geht nicht mehr nur um die ersten Stufen der Maslow-Pyramide: Sicherheit und Nahrung. Marketing und Verkauf ist eine wesentliche Funktion und damit wesentlicher Teil der Existenz von Unternehmen in der heutigen Zeit.

Ich muss verkaufen können und ich muss verkaufen wollen, um zu überleben - und um eine Berechtigung zu haben in diesem Markt zu existieren.

Damit kann der Verkauf für sich genommen weder ethisch noch unethisch sein. Er ist Teil des Geschäftslebens und der sozialen Gepflogenheiten einer Kultur. Der Anstand liegt im Wertebild des Unternehmens, seiner Kultur - aber vor allem in der handelnden Person des Verkäufers. Er kann unanständig sein - der Verkauf selbst ist es nicht.

Jeder Kunde ist dankbar für eine gute und **geführte** Beratung. Das Ziel muss der Abschluss sein, auch für den Kunden - er will ja (s)ein Problem lösen. Aber Führung und Druck sind zwei Paar Schuhe; gleiches gilt für Offenheit und falsche Versprechen. Auch hier gilt die goldene Regel: behandle andere so, wie du selbst behandelt werden willst. Daran kann nichts falsch sein.

Möglicherweise entspringt in Deutschland ein Vorbehalt gegen Verkaufen und Verkäufer der gleichen Quelle der Vorbehalte gegen Führung.

Die Kundenanalyse

Der erste Schritt einer umfassenden und systematischen Marktbearbeitung ist die Analyse sämtlicher Informationen zu den Kunden und den Kundenbeziehungen (=Kundenanalyse). Hierbei werden die Informationen über Kunden und Kundengruppen gesammelt, geordnet, verdichtet und ausgewertet.

Diese Kundenanalyse ist die Informationsgrundlage und damit auch die Entscheidungsgrundlage wie man sich als Unternehmen gegenüber seinen Kunden positioniert. Es treffen zwei Ressourcensichten aufeinander:

Zuerst die Ressource Kunde, die für das Unternehmen äußerst knapp und wertvoll ist. Sie muss bearbeitet, ausgebeutet, gepflegt, geschützt, erweitert und gesichert werden.

Die andere Ressource ist der Vertrieb. Diese Ressource umfasst Mitarbeiterkapazitäten, Lieferkapazitäten, Projektmanagementkapazitäten und vieles andere was in der Schnittstelle zur Ressource Kunde relevant ist.

Die Kundenanalyse ist damit das Bindeglied zwischen diesen beiden Ressourcen und dient der Optimierung, d.h. der Maximierung des erzielbaren Outputs mit (kurzfristig) gegebenen Ressourcen.

Aus der Kundenanalyse folgt zunächst die Ermittlung der Bedeutung des Kunden. Um die Bedeutung des Kunden zu ermitteln gibt es eine Vielzahl an Werkzeugen, auf die nachfolgenden nicht im Detail eingegangen werden soll. Kurz: man wird viele Entscheidungen treffen müssen, nach welchen Kriterien die Kundenbedeutung zu messen ist. Es stellen sich in dem Zusammenhang Fragen, wie beispielsweise:

- Messe ich den absoluten Ertrag eines Kunden, oder die Rendite?
- Wie erfasse ich den Werteverzehr in meinem Unternehmen durch die Kundenbeziehung? Vereinfacht: stelle ich eine Vollkostenrechnung an oder eine Teilkostenrechnung?
- Greife ich auf gemachte Geschäfte zurück oder berücksichtige ich erwartete Geschäfte in der Zukunft?
- Stelle ich auf Bestandsgrößen ab, oder lege ich Veränderungsgrößen, wie zum Beispiel eine Wachstumsrate, zu Grunde?
- Gelten Stichtagswerte, Periodenwerte oder Durchschnittswerte?

Die Verwendung von historischen Daten hat den großen Vorteil, dass diese Daten vergleichsweise einfach zu bekommen sind und dass sie in ihrer Ausprägung unstrittig sind. Der große Nachteil besteht jedoch darin, dass das Ergebnis der Analyse dann tendenziell dazu führen wird, den Status-Quo zu bestätigen (= die großen Kunden sind die wichtigen = Fokus auf Bestandskunden). Aus diesem Grund setzt sich seit einigen Jahren zunehmend eine Potenzialorientierung durch - in der Definition von Potenzialen und bei der möglichst objektiven Ermittlung dieser Potenziale liegt die Herausforderung! Der Lohn besteht idealerweise darin, auch mögliche Handlungsbedarfe in (zu) schwach ausgeprägten Kundenbeziehungen und bewertete Zielkundenpotenziale zu erhalten.

Manchmal ist es hilfreich verschiedene Dimensionen zu berücksichtigen, zum Beispiel durch Gewichtung. Auf diese Weise kann erreicht werden, dass die jeweiligen Schwächen einer Vorgehensweise etwas abgemildert werden. Auf der anderen Seite muss klar sein, dass je mehr Faktoren berücksichtigt werden und je komplexer die Kennzahlenstruktur wird, desto durchschnittlicher werden die Ergebnisse aus Sicht der Kundenbedeutung. Am Ende muss man einen Tod sterben und sich für eine - vergleichsweise einfache - Vorgehensweise entscheiden und darauf verbindlich festlegen.

Verbindlich bedeutet in diesem Kontext, die Ergebnisse aus der Kundenanalyse zu akzeptieren, die jeweiligen Schlussfolgerungen zu ziehen und die Konsequenzen umzusetzen.

Diese Analyse mündet in verschiedenen sinnvollen Folgeschritten. So ist der erste und naheliegendste Schritt die Herleitung einer Kundensegmentierung, die sich logisch widerspruchsfrei an die Kundenanalyse bzw. die Kundenbedeutung anschließt. Das Ergebnis ist also eine Einteilung des Kundenportfolios in verschiedene Kundenklassen oder Kundensegmente. In diese Einteilung fließt die Bedeutung, der Stellenwert des Kunden ein. Typische Begriffe sind hier: A-, B-, C-Kunden und natürlich Topkunden oder Key-Accounts. Aber auch der erforderliche Kundenzugang und Betreuungsansatz sollten (müssen) in der Kundensegmentierung berücksichtigt werden. Die Kundensegmentierung wird damit zum Hilfsmittel ein bestehendes Kundenportfolio zu strukturieren und handhabbar zu machen. Und gleichsam der Portfoliotheorie folgend kann man gezielt beginnen, das Kundenportfolio zu gestalten.

Als Teil der Kundenanalyse (oder in einem dem nachfolgenden Schritt) wird regelmäßig eine Wertvernichter-Analyse durchgeführt. In manchen Unternehmen wird sie auch als Wertbringer-Analyse bezeichnet. Das Prinzip ist das gleiche: es geht darum, die Kunden zu identifizieren und zu bestimmen, mit denen das Unternehmen Geld verdient und mit denen das Unternehmen Geld verliert.

Aus der Kombination von Kundensegment und Wertvernichter-Analyse lässt sich relativ einfach eine standardisierte Kundenstrategie für einen großen Teil des Kundenportfolios ableiten.

Die Kunst der Umsetzung liegt darin, sowohl konsequent zu sein, als auch mit Augenmaß und gesundem Menschenverstand zu agieren.

Vertriebsansätze aus der Jahresabschlussanalyse

Die eingeführte Funktionstrennung zwischen Vertrieb (Markt) und Risiko (Marktfolge), die mit der Einführung der MaK, der Mindestanforderungen an das Kreditgeschäft, begründet wurde und heute in den MaRisk (BA) (=Mindestanforderungen an das Risikomanagement (BA)) fortgeführt werden, hat aus Sicht des Entscheidungsverhaltens und auch damit des Kreditrisikos Vorteile generiert, da ein bestehender Interessenkonflikt organisatorisch bis in die Geschäftsleitung hinein aufgespalten – und damit gelöst – wurde.

Auf der anderen Seite hat diese Funktionstrennung auch zu einer erhöhten Komplexität und damit auch zu teilweisen Ineffizienzen und höheren Kosten geführt. So muss das Wissen über den Kunden an mehreren Stellen als bisher vorgehalten, aufgebaut und synchronisiert werden. Daneben gibt es verschiedene Übergabepunkte im Prozess, für die Verantwortungen und notwendige Informationen zu definieren und zu dokumentieren sind.

Die Jahresabschlussanalyse erfolgt naturgemäß in der Marktfolge, da sie nicht nur relevant für potentielles Kreditneugeschäft ist, sondern auch regelmäßig der Erfüllung der Offenlegungspflichten nach Paragraf 18 KWG dient.

Das führt dazu, dass es regulatorisch für den Markt oftmals nicht mehr relevant ist, sich mit dem Jahresabschluss eines Kunden zu befassen. Der Jahresabschluss ist dadurch für den Markt zumeist nur noch eine optionale Informationsquelle, die wohl umso weniger genutzt wird, desto besser man den Kunden zu kennen glaubt.

Damit bleibt eine wichtige Informationsquelle im Alltag häufig deutlich unter ihrem Potenzial. Aus dem persönlichen Gespräch mit dem Unternehmer lassen sich viele vertriebliche Themen und Impulse ableiten, jedoch sind dies alles Themen, die von dem Unternehmer selbst stammen (direkt oder indirekt). Bei dem Jahresabschluss arbeitet jedoch ein Steuerberater und/oder ein Wirtschaftsprüfer mit – hier sind also andere Personen aber auch andere Regularien beteiligt und zu beachten.

Aus dem Jahresabschluss erkenne ich (beispielhafte Aufzählung, nicht abschließend) Anzahlungen, Garantieverpflichtungen, Leasingverhältnisse, Wechselkursverluste, Forderungslaufzeiten, Zinsaufwendungen/-erträge, Pensionsrückstellungen, usw.

Welche dieser Themen schneidet der Unternehmer, der über Wachstum und Zukunftspläne spricht, von sich aus an? Wahrscheinlich höchstens eines oder zwei davon.

Es ist also absolut sinnvoll sich systematisch mit dem Jahresabschluss eines Kundenunternehmens aus vertrieblicher Perspektive zu befassen. Damit dies auch tatsächlich erfolgt, muss es institutionalisiert und in den Prozessen einer Bank oder Sparkasse verankert werden. Ein sinnvoller Zeitpunkt ist sicherlich die Verbindung zu einer Beschlussvorlage. Ein wichtiger Teil der Beschlussvorlage befasst sich mit der wirtschaftlichen Situation des Unternehmens, für das der Kredit beschlossen werden soll, und in diesem Zusammenhang wird der Jahresabschluss in die Hand genommen und durchgearbeitet. Ein strukturiertes Format führt den Bearbeiter dann gezielt zu den relevanten Punkten und unterstützt den so dabei, die Potenziale und Gesprächsthemen umfassend aufzuarbeiten und zu dokumentieren.

Ob die Analyse eines Jahresabschlusses auf vertriebliche Potenziale durch die Marktfolge oder durch den Markt, den Firmenkundenberater selbst erfolgt, ist nahezu Geschmackssache. Für beide Varianten gibt es starke Gründe.

Wenn ich Effizienz betone, dann müsste ich mich für die Bearbeitung einer Marktfolge entscheiden, weil dort die Erstbefassung mit dem Jahresabschluss stattfindet und bereits das Wissen über die wirtschaftlichen Verhältnisse des Kunden im Aufbau befindlich ist.

Wenn ich jedoch möchte, dass sich Markt und Marktfolge auf Augenhöhe über eine Kreditrisikoeinschätzung auseinandersetzen können, dann kommt der Markt auch nicht um eine umfangreiche Befassung mit dem Jahresabschluss umhin. Zusätzlich wird dann vermutlich die Motivation im Markt höher sein, die identifizierten Potenziale auch umzusetzen, als wenn man ein Formular von der Seite auf den Schreibtisch gelegt bekommt - schlicht, weil es dann um die Umsetzung eines eigenen Erkenntnisgewinns geht.

Intensivierung der regelmäßigen Kundenansprache im Firmenkundengeschäft

Aus durchgeführten Kundenbefragungen lässt sich sehr häufig das Feedback herauslesen, dass Berater oft zu höflich und zu zurückhaltend agieren. Die Kunden erleben sie häufig reaktiv: die Initiative zum Kontakt geht meistens vom Kunden aus und die Berater bringen wenig eigene Ideen mit ein.

Dies sind allesamt subjektive Wahrnehmungen, deren objektive Richtigkeit sich nicht oder nur mit unverhältnismäßigem Aufwand überprüfen lässt. Aber selbst, wenn diese Wahrnehmungen objektiv falsch wären, sind sie doch der zurückgebliebene Eindruck beim Kunden. Allein aus dieser Tatsache heraus leitet sich ein Handlungsbedarf ab.

Vereinfacht gesagt muss an zwei Bestandteilen der Wahrnehmung gearbeitet werden: zum einen muss vermehrt die Kontaktinitiative von dem Firmenkundenbetreuer (FKB) ausgehen, d.h. die Kontakthäufigkeit durch die Bank oder Sparkasse muss gesteigert werden und zum anderen müssen mehr Ideen sichtbar werden.

Ich persönlich glaube nicht, dass es im Umgang mit dem Kunden an guten Ideen fehlt - ich vermute jedoch, dass es Ideen sind, die in der Prozess- und Gedankenwelt der Bank bzw. Sparkasse stattfinden. Und der Kunde in der Folge aus dieser Idee entweder keinen persönlichen Mehrwert generiert oder den Mehrwert nicht erkennen kann. Für die Beratung und das Produzieren von Ideen für den Kunden ist es also unablässig, sich in das Geschäftsmodell des Kunden und in seine Gedankenwelt hinein zu begeben.

Bei der Steigerung der Kontakthäufigkeit darf es nicht allein darum gehen, einfach nur mehr Striche ins Kerbholz zu machen. Der Kunde soll Kontakte schließlich ja nicht als aufdringliche Belästigung empfinden, sondern als positiven Impuls und echte Betreuung - auch im Sinne der Wertschätzung der bestehenden Geschäftsbeziehung. Es muss also vor allem um die Qualität der Kontakte gehen

Damit die Qualität stimmen kann, sind mehrere Voraussetzungen zu schaffen:

1. Incentivierung
2. verfügbare vertriebsaktive Zeit
3. qualifizierte Ansprachegründe und Themen

Mit **Incentivierung** ist gemeint, dass das Kontaktieren der Kunden als Vertriebsleistung im Sinne von anteiliger Zielerreichung berücksichtigt und wahrgenommen wird. Wenn der Kundenkontakt per se nicht für den Erfolg des FKB relevant ist, dann ist die Gefahr groß, dass jegliche (zentralen) Initiativen, die auf Kundenkontakte einzahlen, als lästige Extraarbeit empfunden werden. Sein Anreiz besteht dann darin, seine Ziele effizient - d.h. mit so vielen Kundenkontakten wie nötig, aber auch so wenigen wie möglich - zu erreichen.

Die **freie vertriebsaktive Zeit** ist im Status quo bei jedem Betreuer mindestens vollständig investiert. Wenn die Stoßrichtung dahingehend geändert wird, dass die Zahl der Kundenkontakte erhöht werden soll, so muss im Vorwege beantwortet werden, woher die dafür notwendige Zeit genommen werden soll. Wenn wir also unterstellen, dass es im Status Quo keine zusätzlichen Betreuer als Ressourcen geben wird und auch gleichzeitig die bereits bestehenden Ziele nicht reduziert werden sollen, so ist zu überlegen welche andere Unterstützung oder auch Prozessoptimierung im Vertrieb durchgeführt werden kann, um pro Kopf zumindest etwas zeitlichen Freiraum zu schaffen, damit dieser neue Anspruch auch realistisch platzieren werden kann. (Es geht nicht zwingend darum, dass notwendige Zeitfenster vollständig "frei zu schaufeln" - schließlich zahlen die Aktivitäten auch auf den Erfolg ein, insofern bestehen Synergien zwischen den Zielen. Es muss jedoch Platz für die Bearbeitung eines neues Zielfeldes geschaffen werden: zeitlich, emotional und die Wertigkeit des Zieles muss vorhanden sein.)

Und last not least stellt sich die Frage, mit welchem **Kontaktgrund** oder mit welchem Anlass der jeweilige Betreuer beim Kunden auflaufen soll. So unrealistisch es auf der einen Seite ist, dass sich jeder FKB für alle seine Kunden fundiert Gedanken machen kann, so notwendig ist es doch, mit einem für den Kunden relevanten Thema auf ihn zu zugehen.

Es bietet sich vor dem Hintergrund der gesamten Gemengelage an, dieses Themenfeld vertriebsnah, aber an einer zentralen Stelle – zum Beispiel dem Vertriebsmanagement – zu bündeln und es von dort aus zu steuern. An dieser zentralen Stelle ist man in der Lage einen systematischen Ansatz zu entwickeln, der auf der einen Seite sämtliche Kunden umfasst und auf der anderen Seite auch die Organisationsstruktur (und möglicherweise bestehende Unterschiede zwischen Einheiten) des Hauses berücksichtigt. Weiterhin spricht für eine Zentralisierung des Themenkomplexes auch, dass nur so strukturell sichergestellt wird, dass ein eventuell bestehender Bias eines Betreuers auf bestimmte Kunden ausgeglichen werden kann.

Ein weiterer wichtiger Schritt - allerdings unabhängig von der gesamten Organisation dieses Themenkomplexes - ist die Dokumentation sämtlicher relevanter Kundenkontakte an einer zentralen Stelle: am jeweiligen Kunden. Typischerweise nutzt man hierfür ein CRM-System, aber auch dort, wo ein derartiges System noch nicht zur Verfügung steht, kann man über eine gemeinsam verabredete Ablagestruktur einen Weg finden. Entscheidend ist, dass das Wissen über den Kunden aus den Köpfen der Wissensträger herauskommt und so allen potentiell am Kunden beteiligten Rollen zugänglich gemacht wird

Es ist wichtig, dass wir alle Kundenkontakte nicht nur als eine Reihenfolge von singulären Verkaufsversuchen verstehen, sondern insbesondere als Beziehungsarbeit begreifen. Der Kunde muss lernen, dass sein Berater eine verlässliche Quelle für gute Ideen und/oder relevante Themen aus der Lebenswirklichkeit des Kunden ist. Der FKB demonstriert, dass er ein hoch qualifiziertes und gut funktionelles Netzwerk an Spezialisten an der Hand hat, die er im Sinne des Kunden einsetzen kann und wird. In einer Beziehung wächst man zusammen, man reibt sich auch mal inhaltlich aneinander - und es gibt zwangsläufig Fortschritte in dem gemeinsamen und gegenseitigen Akzeptanzkanal.

Das bedeutet aber auch, dass Ideen, die am Anfang einmal gut waren, zu einem späteren Zeitpunkt in einer Beziehung vielleicht nur noch schwach oder ein alter Hut sind. Dafür ist aber der Boden bereitet für andere (möglicherweise schwierigere) Themen, bei denen man nicht gleich "mit der Tür ins Haus" fallen kann. Die Beziehung ist gewachsen, das Vertrauen des gewachsen - es wird Zeit mutiger zu werden.

Das Vertriebsmanagement übernimmt idealerweise die laufende Bereitstellung von passenden Ansätzen, Themen und auch Ideen. Wichtig ist dabei, nicht ausschließlich finanzwirtschaftliche Themen in den Fokus zu nehmen bzw. sich diesen Themen immer aus der Kundenperspektive zu nähern. Man wird nicht umhin kommen, sich auch mit den wichtigsten Branchenzeitschriften der Kunden zu befassen, Newsletter zu abonnieren und nach anderen geeigneten Quellen zu suchen, die über die Märkte der Kunden berichten. Auch ein enges Verfolgen von steuerlichen Veränderungen und mögliche Anpassungen bei Bilanzierungsstandards sind stets im Blick zu behalten.

Dieses Bündel an Quellen muss gut organisiert werden - und es muss vor allem regelmäßig bearbeitet werden. Es lohnt nicht in Schönheit zu sterben und in der Masse der Quellen unterzugehen - hier ist also für jedes Haus eine geeignete Balance zu entwickeln. Diese Informationsbasis bietet grob gesagt die ersten 50 % der Ideen für qualifizierte Kundenkontakte. Die andere Hälfte stammt aus der Weiterentwicklung dieser Ideen mit der Anwendung bei einigen Kunden; das kann beispielsweise das Übertragen eines Themas von einer Branche in eine andere sein oder eine besonders intelligente Kombination von Produkten für eine neuartige Lösung.

Mit zunehmender Übung und Erfahrung in dieser Art der Marktbearbeitung und Kundenansprache entstehen sukzessive immer mehr eigene Ideen aus der Vertriebsmannschaft. Aber auch diese Ideen müssen professionell vorbereitet werden, damit sie erfolgreich am Kunden umgesetzt werden können. Hier bietet das Vertriebsmanagement ebenfalls entsprechenden Mehrwert, nicht nur in der Unterstützung, sondern auch in der Priorisierung einzelner Themen und damit im Management des Ideenportfolios.

Investitionsfinanzierungen bei kleineren und größeren Unternehmen - eine Perspektive

Fremdfinanzierungsverhalten und Beratungsbedarf von Unternehmen hängen neben verschiedenen Parametern auch von der Größe des jeweiligen Unternehmens ab.

Kleinere Unternehmen ...

- .. denken eher in der Kategorie "Ersatzinvestition", d.h. Einsatzbereitschaft und Aufrechterhaltung des Betriebes
- ... haben einen höheren Beratungsbedarf in Bezug auf die Finanzierung selbst, auf Finanzierungsmöglichkeiten und auf Produkte / Lösungen
- ... haben eine erhöhte Bereitschaft / Offenheit für Beratung auch in verwandten und abgeleiteten Themenfeldern - dies typischerweise in Konkurrenz zu Anwälten, StB/WP
- ... empfinden Weiterempfehlungen als wichtig - gegebene, wie erhaltene

Größere Unternehmen ...

- ... setzen gedanklich den Fokus auf Erweiterungsinvestitionen, im Sinne einer strategischen Potenzialerschliessung
- ... verfügen über eine höhere Kompetenz in Finanzen und Finanzierung und haben Mitarbeiter auf fachlicher Augenhöhe zum Firmenkundenberater (FKB)
- ... haben einen geringeren Beratungsbedarf und legen einen größeren Wert auf eine schlanke und störungsfreie Abwicklung der Transaktion
- ... haben eher einen Beratungsbedarf für Themen mit einer strategischen Relevanz und/oder schätzen ein Benchmarking in ihrer Peergroup

Gute Ideen sind aber immer gesucht! Noch nie hat sich ein Kunde beschwert, dass sein Berater zu viele gute Ideen hatte!

Und: Produkteigenschaften differenzieren kaum bis gar nicht - es zählt einzig der Berater und (solange alles in Ordnung ist: in geringerem Maße) die Dachmarke.

Warum sind Investitionsfinanzierungen für Banken und Sparkassen attraktiv?

Im Kalenderjahr 2019 wurde (laut BDL[1]) ein Volumen von etwa 266 Mrd. EUR in Unternehmen in mobile Wirtschaftsgüter investiert.

Eine Faustregel besagt, dass etwa die Hälfte davon fremdfinanziert wird. Von diesen 133 Mrd. EUR entfallen etwa 64 Mrd. EUR auf Leasing (dv. knapp 2/3 Captives), etwa 17 Mrd. EUR an Krediten durch sogenannte Kreditbanken[2] (dv. 3/4 am POS) und nochmals 9 Mrd. EUR auf Mietkauf (wiederum durch Leasinggesellschaften), sodass ausschließlich ein Rest von grob 40 Mrd. EUR verbleibt, der bundesweit durch sämtliche Universalbanken adressiert wird – und wiederum ein guter Teil der Investitionen davon verschwindet schlicht im Kontokorrent, der Betriebsmittellinie.

Der klassische Investitionskredit, in der Regel als Ratenkredit ausgestaltet, ist die Standardform der Mittelfristfinanzierung im Firmenkundengeschäft einer Bank oder Sparkasse. Im Zuge der Umstellungen von Basel I auf Basel II und weiterer einhergehender Prozessoptimierungen haben die Banken in dieser Finanzierungsform an Attraktivität und Leistungsfähigkeit verloren. Die Banken und Sparkassen haben in den letzten Jahren sehr gute Erfolge im privaten und gewerblichen Immobiliengeschäft gefeiert und aufgrund der allgemeinen Preisentwicklung für die Immobilien neben einer deutlichen Steigerung der Stückleistung auch eine überproportionale Steigerung der Wertleistung erreichen können. Im Vergleich dazu nehmen sich regelmäßig die Investitionen in die Ausrüstung und mobilen Anlagen eines Unternehmens vergleichsweise überschaubar aus. Die kürzeren Laufzeiten dieser Finanzierungen führen dazu, dass mehr Geschäft gemacht werden muss, um einen Bestand zu ersetzen – ein Wachstum ist also deutlich ressourcenintensiver, als bei Immobilienfinanzierungen mit deutlich längeren Laufzeiten und entsprechend niedrigeren Tilgungsraten. Die Nichtanerkennung von variablen Sicherheiten auf die Eigenkapitalbelastung führen aufgrund des damit einhergehenden höheren Verwaltungsaufwandes regelmäßig dazu, dass diese Geschäfte zumindest formell als Blankokredite behandelt werden. (Höher ist hier gemeint im Vergleich zu einem Hypothekarkredit).

Die sich aus den internen Parametern einer Bank oder Sparkasse ableitende Steuerung führt im Ergebnis dazu, dass ausschließlich das kurzfristig Geschäft, also die Betriebsmittellinie und das langfristige Immobiliengeschäft als attraktives Geschäft forciert werden. Das mittelfristige Kreditgeschäft fällt damit ein Loch aus der Priorisierung von Vertriebsressourcen und der gelebten Risikostrategie der jeweiligen Marktfolge. Gleichzeitig zeigt sich dieses Loch jedoch auch regelmäßig in der Liquiditätsab-

---

[1] https://bdl.leasingverband.de/internet/downloads/Broschueren/fact-sheet-leasing-markt.pdf
[2] https://www.bfach.de/media/file/21311.Finanzierung_2017_im_UEberblick_BFACH.pdf

laufbilanz, und gerade in Zeiten, in denen wieder steigende Zinsen erwartet werden ist ein höherer Kapitalumschlag in der Bilanz notwendig aber insbesondere auch eine verkürzte Duration der Aktivseite.

Viel wichtiger ist jedoch noch der Stellenwert der Investition für den Kunden. Eine Immobilie ist ein großes Entscheidungsprojekt, das auch im privaten Bereich eine sehr hohe Aufmerksamkeit bindet, da dies eine wesentliche, ja fast Lebensentscheidung darstellt. Dennoch sagt eine Immobilie, bei aller Leidenschaft, nichts über das Herzblut aus – auf das Private übertragen, auf das Hobby

Wer kennt nicht den Unternehmertyp, der in seinem Laden jede Schraube kennt, der jeden Morgen als erster und jeden Abend als letzter durch den Betrieb läuft, der sein Selbstverständnis aus seinen Produktionsprozessen ableitet, der an der Produktentwicklung mitarbeitet und sie nicht nur beauftragt, der einzelne Bausteine seiner Wertschöpfungskette selbst entwickelt oder erfunden hat, der...?

Die einfache Frage lautet: **Ist diesem Kunden-/Unternehmertyp seine Immobilienfinanzierung wichtiger (näher am Herzen) oder die Entscheidung für die Erneuerung oder Erweiterung seiner Produktion?**

In dem hart umkämpften Markt haben die Banken und Sparkassen in den letzten Jahren signifikant Marktanteile verloren. Dieser Rückgang hat vielfältige Ursachen. So liegt es teilweise daran, dass die Kunden immer häufiger bereits von ihren Händlern auch die Finanzierungsangebote bekommen und der Weg zur Bank oder der Griff zum Telefonhörer für den Kunden immer einen zusätzlichen Schritt bedeutet, aber auch daran, dass die Banken und Sparkassen dieses Geschäft auch nur zurückhaltend angeboten haben.

Die Preisstellung in diesem Markt ist aus Sicht einer Bank oder Sparkasse sehr eng, was insbesondere an der zunehmenden Bedeutung der herstellergebundenen Marktteilnehmer liegt. Diese Marktteilnehmer verfügen über eine besondere Expertise für die von ihnen finanzierten Objekte. Zugleich haben sie über die Nähe zum Hersteller einen Zugriff auf den Zweitmarkt für diese Objekte, sodass sie in der Lage sind, mit besonders geringen Zerschlagungs- und Verwertungskosten zu kalkulieren.

Das Margenniveau im Markt in Verbindung mit dem notwendigen Ressourceneinsatz (insbesondere der Personalintensität) führten dazu, dass einige Banken und Sparkassen diese Finanzierung auch nicht mehr aktiv angeboten haben, also nur noch auf Nachfrage und nur bei ihren Top-Kunden.

Die Eigenkapitalsituation in den Banken und Sparkassen (KSA-Institute) der letzten 10 Jahren machte das grundschuldgedeckte Geschäft zusätzlich attraktiv. Dies hat wiederum nicht dazu beigetragen, etwaige strukturelle Vorbehalte der Risikofunktion gegenüber Maschineninvestitionen oder grundsätzlich Mobilien zu relativieren oder abzuschwächen.

In den Banken und Sparkassen hat sich das Jahresgespräch (unter welchem Namen auch immer) als Format etabliert, in dem der jeweilige Firmenkundenbetreuer mit dem Unternehmer einmal die finanzielle Seite des Unternehmens vollständig durchspricht. Ein fester Baustein dieses Gespräches ist immer die Frage nach den Plänen und den geplanten Investitionen für das Folgejahr oder die Folgejahre.

Dieses Format hat jedoch die Schwäche, dass es nur geplante oder unmittelbar anstehende Investitionen abfragt und zudem der von beiden Seiten gelernte jährliche Rhythmus zugleich auch eine gewisse Flughöhe für die Größenordnung und Relevanz der Themen suggeriert. Das bedeutet, dass auf beiden Seiten mit einem Filter im Kopf gearbeitet wird und deshalb im Zweifel nicht alles angesprochen wird.

Eine Investition kann sich, wenn es eine Ersatzinvestition ist, auch sehr kurzfristig und damit auch spontan sehr dringend ergeben – auch wenn das Jahresgespräch erst zwei Wochen davor stattgefunden hat. Ein neuer Großkunde oder ein außerordentlicher Auftrag können ihrerseits auch dazu führen, dass es spontanen Investitionsbedarf gibt. Möglicherweise trägt der Unternehmer auch eine mögliche Investitionsentscheidung mit sich herum, spricht sie im Jahresgespräch jedoch nicht an, weil er sich selbst über alle notwendigen Entscheidungsparameter noch nicht im Klaren ist.

Bei den Leasinggesellschaften in Deutschland entfällt der überwiegende Teil des Neugeschäftes auf sogenannte Captives, also herstellergebundene Leasinggesellschaften. Hier können wir also unterstellen, dass das Neugeschäft am Point of Sale angebahnt wird, genauso wie die Kreditbanken ihrerseits bereits über 75 % ihres Neugeschäftes am POS anbahnen. Hier sind die Banken und Sparkassen aus Sicht des Vertriebsweges in einem strukturellen Nachteil, der nur durch erhöhten Einsatz in der Marktbearbeitung mit kontinuierlichen und häufigeren Kundenkontakten ausgeglichen werden kann. **Wenn die Nähe zur konkreten Investitionsentscheidung fehlt, dann kann das nur durch laufendes Fragen ausgeglichen werden.**

Die Finanzierung von Ausrüstungsinvestitionen bietet damit einen der qualifiziertesten Kontaktanlässe im Firmenkundengeschäft!

Die Profitabilisierung des Kundenportfolios

Vorkalkulation trifft Realität

Die Annahmen der Vorkalkulation finden sich oftmals in der Realität so nicht wieder. Die angesetzten Kosten sind zu hoch, zu niedrig oder anders verteilt. (Meist allerdings zu niedrig, weil man sich ja nicht aus dem Markt kalkulieren will = also gedanklich eine Teilkostenrechnung.)

Risikokosten werden simuliert und verdurchschnittet. Die Wirklichkeit ist mal besser, mal schlechter - wenn schlechter dann, aber meist richtig und deutlich schlechter = stärker als in der Simulation einge-preist.

Grundsätzlich könnte man sich auf den Standpunkt stellen: Es ist halt eine Portfoliobetrachtung, da sind mal ein paar Bessere und mal ein paar Schlechtere dabei. Es ist nur leider der falsche Stand-punkt. Durch den Exponentialverlauf der Risikokostenfunktion, sind die Ausreißer "nach unten" in gleicher Höhe viel schlimmer, als es die Ausreißer "nach oben" wieder ausgleichen können. Gleichzei-tig lehrt die langjährige Berufserfahrung, das es immer mehr Ausreißer nach unten als nach oben gibt - es also nicht so ausgeglichen ist, wie es uns die Gaussche Normalverteilung lehren will. Zumindest oszilliert sie nicht um den 0-Punkt.

Der Anspruch muss also sein = jeder Kunde für sich muss profitabel sein. Für andere Branchen als Finanzdienstleister ist das ein No-Brainer - sprich mehr als nur eine Selbstverständlichkeit.

Profitablität definiere ich als positiven Deckungsbeitrag nach Risikokosten, Teilkosten (Bearbeitungs-kosten) und zugeordneten Gemeinkosten. Eigenkapitalkosten kann man mit berücksichtigen, aber genau genommen sind EK-Kosten Bestandteil des Unternehmensgewinns im Sinne einer Mindestren-dite - daher lasse ich sie hier raus.

Warum ist ein Portfolio (einer Bank, eines Geschäftsfeldes, eines Betreuers) weniger profitabel als geplant bzw. kalkuliert?

- Die Bonität (=Rating) ist oder wird schlechter als kalkuliert = höhere Risikokosten
- Sicherheiten kommen nicht, wie vereinbart oder in schlechterer Qualität = höhere Risikokos-ten
- Vereinbartes Folgegeschäft kommt nicht, kommt später = weiterer Ertrag / Cross Sell fehlt zur Kalkulationsannahme

---

- die Ziehungen im Kredit folgen später und/oder geringer als kalkuliert
- der Kundenbeziehung werden Kosten in Rechnung gestellt, die in der Kalkulation (aus welchen Gründen auch immer) nicht enthalten waren.

Jeder Kunde - wirklich jeder Kunde - versteht, dass man aus der Geschäftsbeziehung Geld verdienen muss und keiner Verluste machen will. Ob man sich über die Höhe des Geld Verdienens verständigen oder ob man sich über Preise einigen kann, sind davon gänzlich unabhängige Themen. Aber: der Kunde ist grundsätzlich ansprechbar auf die Zufriedenheit mit der Geschäftsbeziehung. Es ist nicht nur das Recht des Kunden, sich gegenüber dem Dienstleister zu der Geschäftsbeziehung zu äußern!

Folgende Maßnahmen kommen in Betracht, um die Profitabilität im Portfolio in den Griff zu bekommen:

- **Sonderkonditionen** hinterfragen und ggfs. abschaffen
- **Margen** im Aktivgeschäft erhöhen (=Weitergabe der höheren Risikokosten)
- Vereinbarung einer **Bearbeitungsgebühr** unter Beachtung der rechtlichen Fallstricke im Kreditgeschäft!)
- **Covenants vereinbaren**, um das Kundenrisiko zu managen und **Margengrid** in Bezug auf Covenantwerte vereinbaren (=Automatismus: höheres Risiko, höherer Risikoaufschlag - und anders herum)
- **Covenants überwachen** und die **Waiverfees** durchholen
- **Ergänzungsgeschäft** Cross-Sell) mit dem Kunden besprechen und fest vereinbaren
- **Trennung vom Kunden** (= geordneter Prozess, keine zeitliche oder emotionale Überreaktion)

Der letzte Punkt ist ganz wichtig. Die Profitabilisierung im Portfolio wird nicht mit dem Ziel durchgeführt, sich vom Kunden zu trennen. Aber beide Seiten - Berater wie Kunde - müssen wissen, dass es eine ernsthafte Konsequenz sein kann, wenn man nicht zueinander findet. Nur dann wird das Gespräch von beiden Seiten mit der nötigen Ernsthaftigkeit und Verbindlichkeit geführt. (Weder Kunde noch Berater sind Bittsteller; ein gutes Geschäft muss beiden Seiten Freude bereiten!)

Ganz ehrlich: Wenn ich mit einem Kunden unter dem Strich Geld verliere und es keine Ansätze, Ideen oder Bereitschaft gibt, hieran etwas zu verändern - welche andere Konsequenz als Trennung darf dann noch eine Rolle spielen?

Führung und Coaching

Bereits einige Absätze weiter oben habe ich ausgeführt, dass sich nicht nur der Vertrieb weiterentwickeln muss, sondern auch die Vertriebssteuerung. Das ist nicht die vollständige Geschichte, denn auch die Führung im Vertrieb muss sich weiterentwickeln.

Früher wurde fast automatisch der erfolgreichste Mitarbeiter im Vertrieb zur Führungskraft. Es ist jedoch heute nicht mehr die Aufgabe einer Führungskraft, die Mitarbeiter nach dem eigenen Ebenbild zu formen und zu entwickeln, sondern sie dabei zu unterstützen, ihre individuellen Stärken auszubauen und sie auf ihrer Entwicklungsreise zu begleiten.

Die alte Führungskraft war Kontrolleur, Antreiber und Vorbild. Die neue Führungskraft ist zwar immer noch Spielmacher, aber vielmehr Coach, Sparringpartner und Begleiter. „Können" und „Machen" sind unverändert wichtig, aber „Wahrnehmung" und „Kommunikation" haben deutlich an Relevanz gewonnen.

Gerade in der Führung von erfahrenen und sehr gut ausgebildeten Mitarbeitern ist es wichtig, dass die Führungskraft den Mitarbeitern hinreichend Platz auf der Bühne überlässt. Die Führungskraft sieht gut aus, wenn ihre Mitarbeiter gut aussehen – nicht, wenn sie selber gut aussehen will.

Erfolg im Vertrieb als Mythos

Ist es nicht so, dass der erfolgreichste Vertriebsmitarbeiter derjenige ist, der am meisten Geschäft "mit nach Hause bringt"? Viel ist immer besser als wenig. Lieber ein schlechtes Geschäft als gar kein Geschäft

Ein schlechtes Geschäft = der Markt ist so schwierig vs. gar kein Geschäft = er kann es nicht.

Aber warum ist es so? Selbst beim Jäger fragt niemand, wieviel Munition er verbraucht hat, sondern man schaut nur darauf, was er mit an Beute zurückbringt. Es geht in der Beurteilung augenscheinlich nicht um Effizienz, sondern um Effektivität. Es gibt keinen Applaus für sparsamen Umgang mit Munition und keinen Applaus dafür Beute aus bestimmten Gründen zu verschonen. Der Jäger wird als Jäger beurteilt (=Umsetzung), nicht als Manager (=Entscheider).

Das Ergebnis ist jedoch ein Staubsaugereffekt - es wird alles mitgenommen, was halbwegs nach Beute aussieht.

Um das zu verhindern, haben sich viele Banken und Sparkassen Kriterien und Hürden überlegt, die das Geschäft, der Kunde erfüllen muss um akzeptabel zu sein. Dies schärft jedoch den Suchfokus für Geschäft nicht, sondern macht ihn lediglich komplexer.

Die eigentliche Frage, die der Beantwortung bedarf, ist:

- wie belohne ich eine **Verbesserung** des Kredit- und/oder Kundenportfolios
- wie honoriere ich das **aktive Aussteuern** von nicht / nicht mehr passenden Kunden?
- wie belohne ich **gutes Geschäft** im Verhältnis zu irgendwelchem Geschäft?

Dies kann nur gelingen, wenn die Bank oder Sparkasse bereit ist, sich vom Volumenwachstum zu verabschieden und sich Gedanken darüber macht, wie sie Qualität definiert und diese Qualität messbar macht.

Diese Qualitätsgröße/n ist/sind dann Gegenstand der Steuerung für den Vertrieb. Hier muss man natürlich schauen, dass es nicht nur relative Größen sondern auch absolute Größen sind - ggfs. muss ein Teil der klassischen quantitativen Steuerung beibehalten werden, um eine Übersteuerung zu vermeiden. Dafür lässt sich dann ganz gut mit der Gewichtung der Steuerungsgrößen variieren, um die gewünschte Wirkung zu erzielen.

Führen mit System: Aufmerksamkeit auf das Führungssystem

Wir lesen in den letzten Jahren immer wieder über eine sich beschleunigende Welt, über schnellere Innovationszyklen und über gescheiterte Unternehmen mit einst klangvollen Marken.

Diese erhöhte Umweltgeschwindigkeit muss vom Unternehmen aufgenommen werden und ebenfalls Teil des Unternehmens werden, denn nur so kann erfolgreich die Welle gesurft werden. Für ein Unternehmen insgesamt mag dies eine gewaltige Herausforderung sein, da es fundamental die Art und Weise wie das Unternehmen arbeitet oder wie es möglicherweise sogar über Jahre entstanden und gewachsen ist, komplett verändern kann. Diese Veränderung lässt sich nur beschreiben und erreichen ausgehend von der einzelnen Führungskraft.

Es lässt sich also feststellen, dass Organisationen in den letzten Jahren immer komplexer geworden sind. Dies liegt nicht nur an der Digitalisierung und der damit einhergehenden Beschleunigung des Alltags, sondern auch an der Internationalisierung und damit der weltweiten Spezialisierung und Arbeitsteilung. Somit wird auch Führung immer komplexer.

Als Führungskraft müssen sie ein Umfeld schaffen, das die höhere Geschwindigkeit begrüßt und positiv annimmt; denn: Schnelligkeit ist nicht das Ergebnis von Leistungsdruck, sie ist das Ergebnis von effizienter Teamarbeit. Sie benötigen ein vertrauensvolles Klima im Team, um Raum zu haben für Experimente und für Fehler. Mit einer solchen Kultur im Team sollte es vergleichsweise leicht möglich sein, die Mitarbeiter mitzunehmen und für Veränderungen im Sinne einer Chance zu begeistern.

Die Aufgaben und vor allem das Rollenbild der Führungskraft müssen sich in diesem Kontext weiter entwickeln. Die direkte Führung des letzten Jahrhunderts muss sukzessive und zunehmend einer indirekten Führung weichen.

Während die direkte Führung sehr stark darauf gesetzt hat, jedem einzelnen konkret zu sagen was er zu tun hat und was seine Aufgabe ist, geht es bei der indirekten Führung im Wesentlichen darum die Mitarbeiter bei der Gestaltung ihrer Aufgaben unterweite Entwicklung ihre Aufgaben zu unterstützen und die notwendigen Rahmenbedingungen zu schaffen, dass der Mitarbeiter erfolgreich arbeiten kann.

Zu den Aufgaben der indirekten Führung gehört es jeden Mitarbeiter einzeln, individuell und zielgerichtet als Mensch anzusprechen, um im Gegenzug die individuelle Höchstleistung zu erhalten. (Nur um es klarzustellen: hiermit ist nicht gemeint, dass ein Mitarbeiter automatisch und immer alles das bekommt, was er gerne haben möchte – sondern, dass er die Ansprache bekommt, die er benötigt, um ihn oder sie zu motivieren in seinem (oder ihrem) Job alles zu geben und an die Grenzen zu gehen. Im Kern geht es um Sinnstiftung und Kontextualisierung.) Des Weiteren gewinnt die laufende Weiterentwicklung der Mitarbeiter als Aufgabe an Bedeutung. Sie müssen als Führungskraft in der Lage sein, auch eine Rolle als Coach zu besetzen, wenn es dabei hilft den Mitarbeiter in seiner Weiterentwicklung zu unterstützen. Letztlich gewinnt auch Team-Building an Stellenwert, denn es ist die Aufgabe der Führungskraft ein Team so zusammenzustellen und die Mitarbeiter so einzusetzen, dass das Team als Gesamtheit eine höhere Leistung abliefert als die Summe der einzelnen Teammitglieder. Ein Team muss an den Stärken seiner Mitglieder ausgerichtet werden und jedes Teammitglied muss seinen Platz im Team kennen; und das schließt selbst verständlich insbesondere die Akzeptanz der Andersartigkeit der anderen Teammitglieder durch das jeweilige Teammitglied explizit mit ein. Vor diesem Hintergrund ist es eine absolute Notwendigkeit, dass die Führungskraft sich als Kommunikator versteht. Die Führungskraft bildet so das sinnstiftende und verbindende Element im Team, denn die einzige echte Gemeinsamkeit aller Teammitglieder – neben der mit einem gewissen Abstraktionsniveau versehenen Aufgabenstellung – ist die Führungskraft. Die Führungskraft ist der Leim, der das Team zusammenhält.

Alle Führungskräfte sind ihrerseits jedoch Teil eines Führungssystems. Das Führungssystem besteht aus:

- formellen und informellen Kommunikationsstrukturen
- Regeln, Verhaltensstandards und Kompetenzen
- Zielen
- sozialen Normen

aus diesen Punkten kann man bereits erahnen, dass es ohne ein Führungssystem gar nicht geht – denn auch kein System ist immer noch ein System. Und letztlich ist dieses Führungssystem genauso wichtig, wie die Qualität der jeweiligen und einzelnen Führungskraft. Auch für ein Führungssystem wird man in Anspruch nehmen können, dass die wirklich guten Dinge im Leben einfach sind. Je einfacher ein Führungssystem gestaltet werden kann, desto leichter wird es verstanden, desto berechenbarer ist es und vermutlich wird es deshalb auch akzeptiert.

Während früher Führung in der Betriebswirtschaft gerne als der "Dispositive Faktor" bezeichnet wurde, weist die Führung heute und zukünftig deutlich stärkere Dienstleistungszüge auf. Eigentlich ist Führung eine Form der Sozialarbeit. (Der "dispositive Faktor" trägt noch ganz klar die Präferenz von direkter Führung in sich.)

Die Führungskraft ist in der besonderen Situation, dass sie in zwei Teams Mitglied ist. Sie ist sowohl in ihrem Team Mitglied, in dem sie die Führungsposition besetzt, wie auch in dem Team der Führungskräfte. Das Führungskräfteteam lässt sich sicherlich unterschiedlich definieren, umfasst jedoch mindestens die nächsthöhere Führungsebene und sämtliche gleichgestellten Kollegen. Die Existenz und das Agieren dieses Führungskräfteteams wird auch von den Mitarbeitern wahrgenommen, und oftmals auch kritisch wie neugierig beobachtet und begleitet.

Es ist die Kernaufgabe des Führungskräfteteams das Führungssystem zu pflegen und weiterzuentwickeln: Durch den Austausch und die Zusammenarbeit der Führungskräfte untereinander wird das System und seine Veränderungen immer wieder neu vereinbart.

Und hier ist die Schnittstelle zwischen Führungskraft und Führungssystem: denn je deutlicher, einheitlicher und klarer das Führungsteam durch die Mitarbeiter erlebt werden kann, desto stärker gewinnt das Führungssystem an Qualität und Verbindlichkeit.

Führung ist: beobachten, analysieren, gestalten – und vor allem: Kommunikation!

Bestandteile des Führungssystems

Das Führungssystem besteht aus:

- formellen und informellen Kommunikationsstrukturen
- Regeln, Verhaltensstandards und Kompetenzen
- Zielen und
- sozialen Normen

Zu den einzelnen Bestandteilen

Formelle und informelle Kommunikationsstrukturen

Bei der formellen Kommunikation handelt es sich um eine betrieblich gewollte und auch notwendige Kommunikation die sich an Hierarchie, Zuständigkeiten und Prozessen ausrichtet. Sie findet organisiert statt und wird an Orte, Anlässe, Zeitpunkte oder Personen gekoppelt. Die Medien, die für diese Kommunikation genutzt werden, können hochgradig unterschiedlich sein. In Betracht kommen neben dem persönlichen Gespräch selbst verständlich auch E-Mails, Rundschreiben, Videos oder Lautsprecherdurchsagen – letztlich jedes Medium, über das schriftlich oder mündlich kommuniziert werden kann.

Die formelle Kommunikation in einem Unternehmen steht selbst verständlich in Wechselwirkung zu den sozialen Normen dieses Unternehmens. Wenn die formelle Kommunikation großen Wert auf die sukzessive Einhaltung einer Informationskette über Hierarchieebenen hinweg legt, so ist es mehr als nur wahrscheinlich, dass - auch im Umgang der Menschen miteinander - Hierarchie eine überdurch-schnittlich große Rolle spielt.

Die formelle Kommunikation kann im Team durch die Führungskraft direkt gestaltet werden bzw. auch im Führungskräfteteam in einer gemeinschaftlichen und einheitlichen Art und Weise verändert werden.

Das Augenmerk bei der formellen Kommunikation, da es eine funktionale Kommunikation ist, liegt auf der Effizienz dieser Kommunikation. Die Effizienz beinhaltet somit zeitnahe Kommunikation von relevanten Informationen an die richtigen Adressaten. Unstrittig mag es über die Interpretation von zeitlicher Nähe, Relevanz oder korrektem Adressaten unterschiedliche Auffassungen zwischen Sender und Empfänger geben.

Bei der Effizienz darf jedoch nicht die soziale Dimension der Führung Arbeit außer Acht gelassen werden. Denn wenn diese formelle Kommunikation als unangemessen oder als unzureichend empfunden wird, verstärkt dies die informelle Kommunikation mit womöglich zusätzlicher Dynamik.

Unter informeller Kommunikation versteht man all die Kommunikation zwischen Mitarbeitern, das kann bilateral sein, im Team, in der Abteilung oder auch übergreifend, die ungeregelt stattfindet. Damit entzieht sie sich logischerweise auch dem direkten Zugriff durch die jeweilige Führungskraft. Sowohl der kleine Dienstweg zählt zu der informellen Kommunikation, wie auch der Flurfunk, der immer dann besonders auflebt, wenn die Mitarbeiter ein Informationsdefizit erleben. In dieses Informationsdefizit wird regelmäßig nicht das Fehlen von Information hineininterpretiert, sondern das gezielte Zurückhalten von Informationen.

Gerade in Zeiten von Veränderungsprozessen oder ganz allgemein von Zeiten mit vielen Unsicherheiten auf Seiten der Mitarbeiter neigt der Flurfunk zu Hochkonjunktur. Es ist ein Zeichen von guter Führungsarbeit, wenn es ihnen gelingt den Flurfunk auf kleiner Flamme zu halten. Das gelingt dadurch, dass die Themen offen angesprochen werden, die die Mitarbeiter beschäftigen. Allein die Tatsache, dass diese Unsicherheiten thematisiert werden können führt bereits dazu, dass die Nachfrage nach Flurfunk sinkt. Und selbst die Information, dass etwas noch dauert bis es entschieden ist, so spruchreif ist oder bist es kommuniziert werden kann, ist eine Information, wenn man keine hat.

Ich halte es für einen wichtigen Hygienefaktor im Team, auch der informellen Kommunikation die notwendige Aufmerksamkeit zu schenken. Je offener der Austausch, desto klarer kann man sich sowohl als Führungskraft als auch als Team positionieren und desto kleiner sind die Ablenkungen für die Aufgaben in der Zwischenzeit auf jeden warten.

Regeln, Verhaltensstandards und Kompetenzen

Jeder Betrieb arbeitet mit und funktioniert auf Basis von Regeln. Die Regeln können bewusst herbeigeführt sein, wie zum Beispiel durch eine Arbeitsanweisung oder eine Betriebsvereinbarung, sie können aber auch bereits vorher bestanden haben zum Beispiel durch ein Gesetz. Gesetze sind gleichzeitig auch ein Beispiel dafür dass nicht alle Regeln aus dem Unternehmen selbst herauskommen, sondern durchaus auch Regeln von außen auf das Unternehmen einwirken oder von dem Unternehmen übernommen werden müssen.

Verhaltensstandards stammen grundsätzlich zunächst einmal aus der Kindheit und der Erziehung, sowie den danach folgenden Stationen individuellen Lebens. Jedes Unternehmen hat bestimmte Angewohnheiten und manche Verhaltensstandards sind möglicherweise auch in den Status von Regeln überführt. So bin ich mir nicht sicher, ob der Wal Mart-Cheer „lediglich" ein Verhaltensstandard ist oder ob er sogar als Regel für den Filialleiter oder für alle festgelegt ist. Aber es gibt beispielsweise Unternehmen, wo es der Standard ist, dass alle Kollegen eines Teams immer gemeinsam zu Mittag essen gehen. Die Kollegen, die sich nicht an den Standard halten, werden in der Regel nicht integriert.

Kompetenzen sind Regeln, die Entscheidungsbereiche definieren und von daher eigentlich gar nicht eigenständig erwähnenswert. Kompetenzen erwähne ich jedoch immer deshalb ganz gern, weil man an der Kompetenzanordnung eines Unternehmens oft auch sehr gut das in der Unternehmensleitung vorherrschende Menschenbild ablesen kann. Wenn Kompetenzen zu kleinteilig geregelt sind, so lassen Sie keinen faktischen Handlungsspielraum und schaffen für den Mitarbeiter eher das Risiko gegen seine Kompetenzen zu verstoßen. Dies ist sicherlich nicht das vertrauensvollste Menschenbild, auf das man stoßen kann - von der Effizienz in der Bearbeitung entsprechender Sachverhalte einmal ganz abgesehen. Andersherum ist sicherlich auch das Gegenteil nicht zwingend das Gelbe vom Ei, nämlich dann wenn die Kompetenzen so weit gesteckt sind, dass der Mitarbeiter für sich keinerlei Orientierung hat und letztendlich sich deshalb gar nicht trauen kann die Kompetenz im Sinne des Unternehmens auszuüben. Er hat dann keine Angst gegen Regeln zu verstoßen, sondern eher schlicht Angst das Falsche zu tun. Natürlich kommt es auf jedes Unternehmen und auf die jeweilige Branche und in Teilen auf den Konjunkturzyklus an, was eine zu kleinteilige oder zu große Kompetenzregelung ist.

Grundsätzlich ist es so, dass Regeln, Verhaltensstandards und Kompetenzen unabhängig davon, ob sie schriftlich festgelegt sind oder mündlicher Überlieferung entstammen für den jeweiligen Wirkungsbereich gelten und ein Verstoß möglicherweise nachhaltige Auswirkungen auf das Arbeitsverhältnis hat oder zumindest haben kann. Jetzt kann man sicherlich darüber streiten, ob die Verbindlichkeit mit der in einem Unternehmen Regeln eingehalten werden, ein Verhaltensstandard darstellt oder nicht.

Aber in diesem Bereich, also bei Regeln, Verhaltensstandards und Kompetenzen, hat die Führungskraft eine besondere Vorbildfunktion. Gar nicht aus einer ethischen Perspektive heraus, sondern mit dem Vorleben von Regeln und Verhaltensstandards zeigt eine Führungskraft wie professionell ein Unternehmen arbeitet und wie ernst sie es als Führungskraft eigentlich meint. Und der Umgang mit Kompetenzen hat einen großen Einfluss darauf, ob sich die Teammitglieder als Opfer fühlen müssen oder als Täter fühlen dürfen.

Anmerkung: Dies bedeutet natürlich nicht im Umkehrschluss, dass eine Führungskraft sich „sklavisch" an alle Regeln und Dogmen halten muss. Sie wird kritisch beäugt und sollte jeweils gute und nachvollziehbare Gründe zu haben, wenn das etablierte Terrain verlassen wird – im Sinne des Teams und des Unternehmens.

Ziele

Jede Organisation und jedes Unternehmen hat einen Zweck, einen Sinn warum und wofür es ins Leben gerufen wurde. Dieser Zweck wird heute oft plakativ als Mission dargestellt und findet sich in der jeweiligen Unternehmensstrategie oder Teilstrategie qualitativ und quantitativ aufbereitet. Üblicherweise wird eine Strategie über eine Planung operationalisiert, d.h. in konkrete, sichtbare und messbare Teilschritte zerlegt. Wenn man Ziele entlang einer zeitlichen Dimension in Kurzfrist- und Langfristziele unterscheiden mag, so sind die Langfristziele die strategischen Ziele und die Kurzfristziele leiten sich aus der operativen Planung ab. Der Betrachtungszeitraum einer operativen Planung üblicherweise das Geschäftsjahr oder das Berichtsjahr der betrachteten Einheit.

Damit bietet die operative Planung auch die Messpunkte und Anhaltspunkte, die für die Zielerreichung von Teams oder von Mitarbeitern relevant sind.

Bereits 1954 hat Peter. F. Drucker das Konzept „Management by Objectives" (MbO), also führen durch Zielvereinbarungen vorgestellt. Ein wichtiger Baustein des Konzeptes ist, dass Ziele die so genannte SMART-Regel erfüllen müssen.

SMART steht hierbei für

S spezifisch: ein Ziel muss präzise beschreib- und definierbar sein („ einheitliches Verständnis")

M messbar:für dieses Ziel muss es Kriterien geben, den Fortschritt oder die Zielerreichung objektiv sichtbar machen können

A attraktiv: das Ziel muss akzeptiert und aktiv beeinflussbar sein

R realistisch: das Ziel oder das Ambitionsniveau des Zieles muss realistisch sein (sonst ist es auch nicht attraktiv)

T terminierbar: zu jeder Aufgabe und jedem Ziel gehört ein Termin (gern auch realistisch ;-)

Diese SMART-Regel entstammt der Idee eine Leitlinie für Mitarbeitergespräche und für die in diesem Rahmen zu vereinbarenden Ziele zu bieten. Und natürlich macht es Sinn, wenn sich diese Regel nicht nur auf das bilaterale Verhältnis Führungskraft und Mitarbeiter beschränkt, sondern auch Relevanz in dem Umgang der Führungskräfte miteinander hat. Es kann nicht darum gehen, und attraktive oder unrealistische Ziele an irgend eine Ecke der Organisation zu verschieben, sondern es muss darum gehen dauerhaften Dialog und im Gegenstromprinzip an den Zielen und an den Beiträgen zu Zieler-reichung so zu arbeiten, dass die Ziele SMART sind und der Unternehmenszweck trotzdem oder deswegen erfüllt wird.

In der Kommunikation über die Hierarchie oder über Organisationseinheiten hinweg spielen Ziele und die zugehörige Zielerreichung immer eine große Rolle. Es geht um interne Leistungsversprechen, um Ressourcenzuteilung oder auch um neue Projekte und Vorhaben die angegangen werden sollen. Von daher kommt dem Umgang mit Zielen, veränderten Rahmenbedingungen und auch natürlich der Zielerreichung in dem Führungssystem ebenfalls ein hoher Stellenwert zu.

Soziale Normen

Die sozialen Normen bekommt ein jeder im ersten Schritt von zu Hause mit auf dem Weg. Dann in Kindergarten und Schule, aber auch in Vereinen und/oder anderen ehrenamtlichen Aktivitäten. Jedes Organisationsgebilde, jeder Betrieb und jedes Unternehmen haben ihre eigenen sozialen Normen. Das umfasst übliche Begrüßungsrituale, beispielsweise ob man morgens alle Kollegen per Handschlag begrüßt, aber auch wie beispielsweise Geburtstage begangen oder übergangen werden und vieles mehr. Auch hier entfaltet das Führungssystem eine gewisse Prägung in Form einer Vorbildfunktion. Und als Führungskraft muss man bedenken, dass soziale Normen auch einen Beitrag dazu leisten können das Team zu stärken. Dazu gehören neben sporadischen After-work Aktivitäten auch die Art und Weise wie Erfolge gefeiert werden, bzw. ob sie gefeiert werden. Einen Erfolg gemeinsam zu feiern ist Wertschätzung für den einzelnen und für das Team; auf diese Weise wird die Attraktivität von Erfolg erhöht

Eine andere soziale Norm, nicht weniger wichtig, ist beispielsweise die Meeting Kultur in einem Unternehmen. Sind alle pünktlich oder kommt man zu spät, weil es cool ist die anderen warten zu lassen? Wie gut ist man vorbereitet vor einem Meeting, also ist es eine Diskussion oder betreutes Lesen? Wie werden Aufgaben in einem Meeting verteilt? Wie schließt sich ein Meeting inhaltlich an ein vorausgegangenes Meeting an.

Gerade im Umgang mit sozialen Normen ist es wichtig, vielleicht nicht alles anders zu machen, aber vieles bewusster zu machen und wenn es stört, zu ändern. Gerade weil Führung ein sozialer Prozess ist, müssen die sozialen Normen auch zu den Führungskräften und dem Führungsprozess passen - aber eben auch zu den Mitarbeitern.

Über den richtigen Umgang mit sozialen Normen kann eine Führungskraft in der Wahrnehmung eine ordentliche Portion Rückenwind tanken.

Nochmals: Führung ist beobachten, analysieren, gestalten – und vor allem: Kommunikation!

Über die Erwartungshaltung von Führungskräften

Sie haben doch bestimmt schon mal von einer Führungskraft folgenden Ausspruch gehört: "Ich habe mal meine Erwartungshaltung deutlich gemacht".

Nun, eine Erwartungshaltung ist eine Haltung (Verhalten oder Einstellung), die in Erwartung eines Ereignisses oder eines Verhaltens eingenommen wird. Sie ist wichtiger Bestandteil von Erziehung (bzw. auch von Konditionierung) und nonverbaler Kommunikation.

Jetzt ist es ja ein Sport als Führungskraft bisweilen damit zu kokettieren, das man ungeduldig ist - wenn man mal nach den eigenen Schwächen gefragt wird. Tatsächlich ist es aber so, dass gerade

Menschen mit Gestaltungswillen zumeist eine hohe bis überhöhte Erwartungshaltung haben. Und die Erwartungshaltung impliziert auch, dass sie nicht sonderlich aktiv kommuniziert wird, sondern als bekannt vorausgesetzt wird bzw. nonverbal verstanden wird

Führungsratgeber empfehlen daher, die eigene Erwartungshaltung zu kommunizieren, um so von den eigenen Mitarbeitern besser verstanden zu werden. Und dann passiert bei Menschen, die diese Bücher lesen ohne sie umfassend zu verstehen, genau das. Sie kommunizieren ihre Erwartungshaltung. 1:1. Ungefiltert und ohne Übersetzung. Die "Schlaueren" nehmen vielleicht noch am Rande wahr, dass die Mitarbeiter eher verschreckt bis irritiert reagieren, teilweise auch überfordert oder frustriert. Die Mehrheit wird sich schlicht freuen, dass sie einer Empfehlung des Buches gefolgt ist und daher alles richtig gemacht hat.

Eine Erwartungshaltung ist aber **mein Bild** in **meinem Kopf**. Es ist nicht das Bild meiner Mitarbeiter. Es ist vielleicht nicht einmal das Ziel meiner Mitarbeiter.

Was die Führungsratgeber meinen oder mindestens meinen sollten: Ich muss als Führungskraft die Ziele meines Teams kommunizieren und meine eigenen. Ich muss jedem Mitarbeiter eigene Ziele geben und diese Ziele in das Gesamtteam einbetten - und sie auch in Beziehung zu meinen eigenen Zielen stellen. Und: Ich muss primär Bilder transportieren, nicht Druck.

Dann habe ich ein Fundament auf dem ich mit Bitten arbeiten und Wünsche äußern kann. Das Faszinierende ist: die Mitarbeiter bringen nicht nur die Leistung, um die sie gebeten werden, sondern mehr. Der Druck wird zum Sog. (Erwartungshaltung hingegen blickt von oben herab und bildet damit gleichzeitig den Deckel der Möglichkeiten.)

OK, das impliziert vielleicht auch ein anderes Menschenbild und damit ein anderes Führungsbild, aber ganz ehrlich: die Berufsbilder, wo Roboter in der Führung gesucht werden, sterben aus.

Heads-up Memos im Vertrieb

Engagements und Kreditanträge müssen so manches Mal vorabgestimmt werden. Die Gründe hierfür liegen manchmal in der Komplexität, manchmal im Risikogehalt bzw. auch an der Großkreditgrenze oder manchmal schlicht an der Art oder Anzahl der beteiligten Personen aus dem Institut. In jedem Fall sind dies niemals die 08/15 Standardfälle.

Ab einer bestimmten Größe einer Bank oder Sparkasse (= Größe der Organisation) (oder eines spezialisierten Geschäftsfeldes für Großgeschäft, wie zum Beispiel Immobilien, erneuerbare Energien, ...) kommen diese notwendigen vor Abstimmungen immer häufiger vor. Es ist daher sinnvoll, diese Vorabstimmung zu institutionalisieren

Ein geeignetes Werkzeug hierfür bildet das sogenannte „Heads-up Memo".

Heads-up: bedeutet Vorwarnung oder Achtung!

Memo: ist eine Notiz

Wie manchmal im Leben klingt die englische Bezeichnung dann doch etwas geschmeidiger, als die deutsche Übersetzung.

Auf der einen Seite reichen einige, einzelne zu geworfene Stichworte nicht aus, um den abzustimmende Sachverhalt hinreichend zu charakterisieren. Auf der anderen Seite wird der alte Kreditbeschluss zusammen mit Kundenbroschüren und weiteren Unterlagen zum aktuellen Vorhaben viel zu umfangreich sein.

Daneben soll und darf eine Kreditentscheidung auch dem eigentlichen Kreditprozess nicht vorweggenommen werden. Trotzdem soll der Vertrieb im Agieren am Kunden Handlungssicherheit bekommen.

In ein Heads-up Memo gehören folgende Punkte rein - und zwar möglichst knapp und präzise:

- Vorhaben
- Bonität
- Sicherheiten
- Unwägbarkeiten (im Sinne der Geschäftsrisiken des Kunden in Bezug auf das neue Vorhaben)
- Engagementstrategie (kurz!) bei dieser Adresse

Auf dieser Basis können dann Markt und Mark Folge eine gemeinsame Arbeitshypothese herleiten. Diese Arbeitshypothese dient vier Zielen:

1. es wird ein grundsätzlich gangbarer Weg für das Haus aufgezeigt, wie man sich konstruktiv kritisch mit dieser Kreditanfrage bzw. mit diesem Kreditangebot auseinandersetzen will

2. es wird ein Commitment hergestellt von Markt und Marktfolge gemeinsam in die Richtung dieses aufgezeigten Weges zu arbeiten

3. beide Seiten, Markt und Marktfolge, sind darauf committed das Geschäft - unter Maßgabe dieser Arbeitshypothese - auch wirklich zu holen und gangbar zu machen

4. die Arbeitshypothese bildet einen roten Faden, der auch gleichzeitig - wenn er denn droht verlassen zu werden - eine Warnfunktion hat, so das rechtzeitig und kurzfristig Gesprächsanlässe zwischen Markt und Marktfolge entstehen, so das frühzeitig auf Hindernisse Probleme reagiert werden kann

Die Vorteile, eine Vorabstimmung von Engagements über ein strukturiertes Format, wie zum Beispiel dieses soeben skizzierte Heads-up Memo, zu suchen sind aus meiner Sicht dreierlei:

- Transparenz = gleiche Informationslage und rechtzeitige Managementattention
- Probleme kommen rechtzeitig auf den Tisch, idealerweise lassen sich so eine Vielzahl von bisherigen Eskalationsfällen im Kreditentscheidungsprozess proaktiv vermeiden
- verbesserte Kommunikation und erhöhtes Commitment zwischen Markt und Marktfolge

Sobald die Anzahl an wöchentlichen oder monatlichen erstellten Heads-up Memos eine bestimmte Anzahl überschreitet, und die wird je nach Organisation und notwendigen Kreditkompetenzen unterschiedlich sein, macht es auch Sinn, sich Gedanken über ein systematisierten Vorbereitungs- und Einreichungsprozess zu machen. Dreh- und Angelpunkt wird dann ein virtueller Termin oder ein Präsenzmeeting, in dem die aktuellen Heads-up Memos besprochen und abgestimmt werden. Rückwärts gerechnet dann der späteste Einreichungstermin, damit alle sich auf das Meeting auch vorbereiten können. Davor noch eine Qualitätssicherung, zum Beispiel durch das Vertriebsmanagement. Und damit entsteht die Deadline, wann fristgemäß eingereicht werden muss.

Bei der Einführung von Heads-up Memos sollte die Aufmerksamkeit der Führungskräfte darauf liegen, dass die inhaltliche Qualität stimmt. Die Inhalte selbst sollen nicht bis zum Tode mit allen abgestimmt sein, dafür gibt es schließlich das institutionalisierte Meeting. Gerade wenn eine Abstimmung außerhalb von Meetings erfolgt und das eigentliche Meeting Zeitverschwendung ist, dann ist Vorsicht angebracht, weil entweder in der informellen Abstimmung Unschärfen nicht ausgeräumt wurden oder weil das Commitment nicht ernsthaft, nur oberflächlich ist.

Die Fakten müssen belastbar sein, die Meinung darf man sich auch gern erst gemeinsam bilden.

Verkaufen ist kein Flohmarkt!

Eigentlich haben Sie gar keine Lust, aber Sie reißen sich zusammen und raffen sich auf. Frühmorgens geht es aus dem Bett zum Flohmarkt, um sich von Dingen zu trennen, die einem lieb und teuer sind, allerdings ihren Platz im Alltag verloren haben. Eigentlich wollen Sie das so überhaupt nicht, aber Sie haben ja ihr Wort gegeben...

Kennen Sie diese Situation?

Sie stehen also auf dem Markt und ohne eine Begrüßung kommt direkt die erste Frage: „Wie teuer?" Diese Frage wird automatisch verfolgt von: „Was ist Dein letzter Preis?" - oder als Variante auch manchmal gern genommen: „Was ist Dein richtiger Preis?"

Es scheint also den mehr oder weniger berechtigten Eindruck zu geben, dass allein das Wiederholen einer Frage bereits zu einem Verhandlungserfolg führt. Ich weiß nicht, wie es ihnen geht, aber ich verkaufe in so einer Situation nicht. Ich schmeiße den Artikel lieber in den Müll oder verschenke ihn nach Gutdünken, aber so verkaufe ich nicht. Schließlich will ich meinen Krempel verkaufen, aber nicht meine Selbstachtung.

- Meine Preise sind gerechtfertigt. Egal ob ich meine Preise rechtfertige oder ob ein potentieller Käufer meine Begründung überhaupt hören, geschweige denn nachvollziehen will - ich weiß, dass es so ist und das reicht mir.
- Meine Preise sind begründbar. Ich will sie nicht begründen (müssen), aber ich will sie begründen können - für mich.
- Ich stehe zu meinen Preisen. Vielleicht bin ich sogar manchmal ein wenig stolz auf meine Preise.

Das Wichtigste beim Verkaufen ist, innerlich frei und unabhängig zu sein. Nur so kann man ohne Druck verkaufen. Und nur ohne Druck kann man gut verkaufen - und sich auf sein Gegenüber einlassen und gut beraten.

- Wenn es zwischen Käufer und Verkäufer nicht passt, dann ist es nicht schlimm. Zu jedem Topf gibt es einen Deckel oder wer nicht will, der hat schon. Nicht Klammern, nicht dem falschen Kandidaten (emotional) hinterher laufen.

- Ich will ein Geschäftsabschluss, weil in der Freude macht und weil es mein Ziel ist, aber nicht weil ich ihn nötig habe oder unbedingt brauche.

Viele Interessenten werden dann doch zu Kunden und kaufen trotzdem. Vielleicht wollen die einen nur ein schnelles Erfolgserlebnis und die Vernunft siegt dann trotzdem, auch ohne diesen schnellen Triumph oder andere wollen vielleicht einen starken Verkäufer, weil sie ihn nur so für vertrauenswürdig halten.

Egal wie, egal warum - es funktioniert sehr oft und manchmal ist das eigene Spiegelbild dann doch wertvoller, als der Abschluss!

Leistung hat einen (=Ihren!) Preis

Leistung hat ihren Preis" - warum schreibe ich zu so einem "No-brainer" oder einer derart zur Floskel verkommenen Aussage

Ich erlebe häufig, dass über Wettbewerbspreise argumentiert wird - sowohl (natürlich) vom Kunden, als auch vom Berater. Diese (in der Regel niedrigeren) Wettbewerbspreise werden dann gern nach innen in die Organisation hinein genutzt, um niedrigere Preise zu rechtfertigen und durchzusetzen.

Das Problem, das damit einhergeht, ist die Tatsache, dass man damit gleichzeitig akzeptiert, dass man nur ein me-too-Anbieter eines austauschbaren Produktes ist. Es wird "kampflos" auf eine Abgrenzung zum Wettbewerb verzichtet, es werden keine Alleinstellungsmerkmale herausgearbeitet. Natürlich gibt es Situationen und Märkte, wo es nur so funktioniert - aber dies sind keine Märkte in denen Geld verdient werden kann. Es sind im Zweifel Ankerprodukte, die dazu gehören oder die Märkte müssen bedient werden, um eine bestimmte Relevanz zu erlangen oder zu behalten.

Die Berater muss für den Kunden drei Fragen beantworten - und alle Antworten müssen als Nutzen aus der Kundenperspektive formuliert werden - können:

- was ist die Besonderheit meiner Lösung?
- welchen persönlichen (Mehr-)Wert liefere ich?

- warum kaufst Du bei mir und nicht bei einem anderen?

Selbstbewusstsein hat zwei Facetten:

- Selbst-Erkenntnis = was ist meine Leistung / was ist mein Beitrag?
- Selbst-Bekenntnis = was ist mein Preis / was bin ich mir wert?

Natürlich wird es manchmal Situationen geben, in denen die Argumente für einen höheren Preis schwer fallen oder gänzlich fehlen - aber die richtige Einstellung im Gespräch entscheidet den angemessenen Preisanker, der am Beginn der Verhandlung gesetzt werden kann. Der Kunde benötigt im Zweifel für sich einen Verhandlungserfolg, um die Angst vor Kaufreue zu mindern. Er weiß aber oftmals nicht (und es interessiert ihn zumeist auch nicht), wie sehr er möglicherweise seinen Partner in die Enge getrieben hat.

Ein Kunde trägt grundsätzlich drei (unterschiedlich stark ausgeprägte) Unsicherheiten in sich:

- kaufe ich das Richtige (=Nutzen, Adäquanz zur Problemlösung)
- kaufe ich zum richtigen Preis (=Erfolgserlebnis)
- kaufe ich bei dem richtigen Partner (=Zuverlässigkeit, Reputation, Status)

Das Ziel muss für den FKB (Firmenkundenberater) sein, alles zu tun was er kann, um aus der Vergleichbarkeit rauszukommen. Er muss den Maßstab des Kunden von seinem Arbeitgeber (Bank oder Sparkasse) auf sich ziehen. "Du kaufst nicht bei der X-Bank, Du kaufst bei mir."

Er muss dem Kunden die drei Unsicherheiten nehmen - denn der Kunde bezahlt (im Kern) für seine Beratungsleistung, nicht für das Bankprodukt - das hängt hinten dran.

Die Beratung selbst besteht zu 2/3 aus (aktivem) Zuhören und zu 1/3 Redeanteil (=2 Ohren, 1 Mund). Der Redeanteil besteht wiederum zum größten Teil aus Fragen. Insbesondere dann, wenn der Kunde Behauptungen aufstellt.

Was ist Vertriebsqualität?

Der Begriff der Qualität hat verschiedene zulässige Definitionen. Die traditionelle entspringt dem Latinischen (qualis) und bedeutet letztlich nur "wie beschaffen". Im allgemeinen Sprachgebrauch hat das Marketing in seinen verschiedenen Facetten schon vollbracht, dass der Begriff der Qualität mit Attributen wie "hochwertig" belegt ist. Das stimmt aber - genau genommen - nicht: Qualität ist neutral, weder gut noch schlecht. Erst der Kontext erzeugt die Bewertung.

Im Qualitätsmanagement geht es um Produkt- und Dienstleistungseigenschaften und vor allem um die Steuerung und Kontrolle dieser Eigenschaften. Es geht also nicht darum möglichst gute Produkte zu erzeugen, sondern möglichst genau die Produkte zu erzeugen, für die die vorgesehenen Inputparameter eingesetzt werden. Also: Vermeidung von Ressourcenverschwendung (Ausschuss und Übererfüllung) und Begrenzung der Varianz im Ergebnis.

Wie kann ich es verstehen, wenn ich diesen Begriff auf die **Vertriebsqualität** übertragen will?

Nun, auch hier gilt: Es bedeutet nicht den objektiv bestmöglichen Vertrieb zu "erzeugen", sondern es geht um die Vermeidung von Ressourcenverschwendung (falsche oder Leeraktivitäten) und Begrenzung der Varianz im Ergebnis. Wäre die Aufgabe nicht so hochkomplex könnte man auch einfach sagen: es geht darum einfach nur den Job / seinen Job zu machen. Aber das springt zu kurz, da der Berater in dem Spannungsfeld aus Zielvorgaben, Produktangebot seines Arbeitgebers, eigener Neigung und Stärken und den (möglichst) objektiven Bedarfen des Kunden balancieren muss.

Wenn man dies zur Kenntnis nimmt und einmal sacken lässt, dann erschliesst sich fast von selbst, dass die Vertriebsqualität in erster Linie eine Frage des Selbstmanagements im Vertrieb ist - und die Kompetenz darin besteht eine möglichst gute Balance auf hohem Niveau zu finden. (im Sinne eines Pareto-Optimum)

Es mag ein Blick in das Qualitätsmanagement (**ISO 9001:2015**) helfen, denn für das Qualitätsmanagementsystem werden folgende Faktoren als wichtig identifziert:

- Einbeziehung von Personen
- Beziehungsmanagement
- Prozessorientierter Ansatz
- Faktengestützte Entscheidungsfindung
- Verbesserung
- Führung

Eine Arbeit an diesen sieben Stellhebeln zahlt also unstrittig auf die Steigerung der Vertriebsqualität (in jeder Organisation) ein.

Für weitergehende Literatur empfehle ich den Flyer des TÜV Süd: Qualität auf einen Blick - Leitfaden zur ISO 9001:2015[3]

Das Akzeptanz-Kanal-Modell

Jede Beziehung beginnt mit einer ersten Begegnung, einem ersten Eindruck. Das gilt privat wie geschäftlich. Manchmal wird das Bild des „Eisbrechens" bemüht, wenn über die ersten vertrauensschaffenden Schritte am Beginn einer Beziehung gesprochen wird. Um in dem Eisbild zu bleiben: zu Beginn ist das Eis noch sehr dünn und trägt nicht, bzw. nur sehr wenig.

Der Gesprächspartner hat – in Abhängigkeit der jeweiligen Rolle der beiden Gesprächsteilnehmer – bestimmte Erwartungen daran, wie er angesprochen wird, was das Gegenüber sagen darf oder um was es Bitten – oder gar fordern – darf.

Mit der Aufnahme der Interaktion beginnt ein soziales Spiel, über dessen Regeln man nicht sprechen kann - zumindest nicht mit dem unmittelbaren gegenüber, der Teil des Spieles ist - und daher muss man sich in jedem neuen Spiel für jeden neuen Spielpartner über seine Intuition und sein Gespür an die „Regelvarianten" herantasten.

Ziel des Spieles ist es, von dem gegenüber als vertrauenswürdig und als potentieller Partner eingeschätzt zu werden. Wobei die Bedeutung des Begriffes Partner von dem Kontext der jeweiligen sozialen Interaktion abhängig ist. Wenn ich den Kontakt zu vorsichtig oder zu zögernd eröffne, dann wird mich mein Gegenüber möglicherweise als ängstlich oder sogar als schwach einschätzen. Wenn ich hingegen zu dominant und zu bestimmend auftrete, dann besteht die Gefahr Gesprächspartner zu überfordern oder zu verschrecken.

Zwischen diesen beiden Extremen spannt sich der Akzeptanz-Kanal auf. In der Mitte des Akzeptanz-Kanals besteht für beide Augenhöhe. Verlasse ich den Akzeptanzkanal ist die Interaktion am Ende und alles was noch folgt, wird der Erziehung geschuldete Höflichkeit sein.

---

[3] https://www.tuvsud.com/de-de/-/media/de/management-service/pdf/iso-9001/broschuere-iso-9001.pdf?la=de-de&hash=409E5C10FCF1FE6C9951082A3AAADFF3

Wenn ich den Akzeptanzkanal nach unten verlasse, dann bin ich für den Geschäftspartner eine reine Zeitverschwendung und nicht hilfreich. Wenn ich mich in der oberen Hälfte des Akzeptanzkanals aufhalte, dann muss der Gesprächspartner auch die eine oder andere Zumutung einstecken, aber in einer Dosis, die er verträgt und sein Interesse an der Fortführung der Interaktion überwiegt. Je nach Kontext kann diese Zumutung Teil einer Konditionsverhandlung sein oder auch schlicht eine Offenheit („Unverfrorenheit"?) in der Kommunikation, die diese Person ansonsten nicht gewohnt ist oder die für den jeweiligen Kontext vielleicht auch unüblich ist.

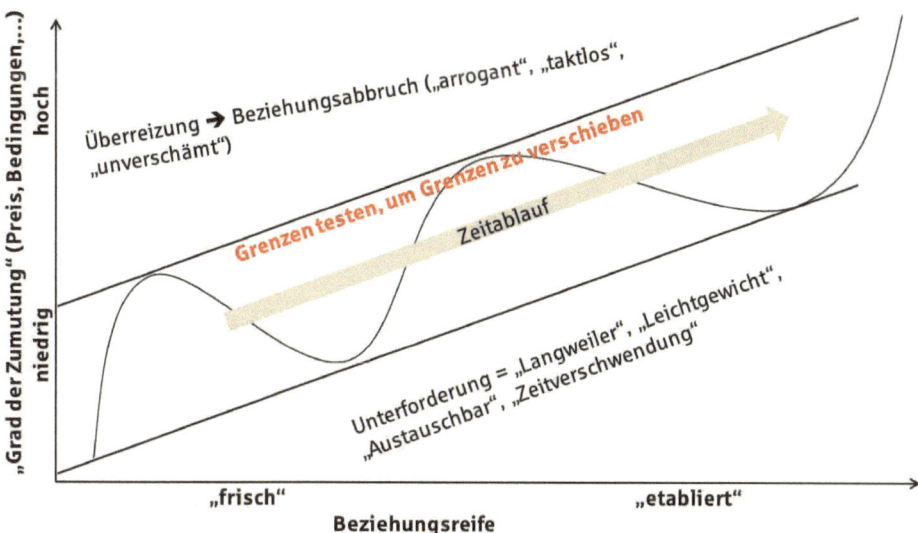

Abbildung 3 - Akzeptanzkanalmodell

In einer Beziehung - und eine regelmäßig wiederkehrende Interaktion ist eine solche - tritt ein gewisser Lerneffekt ein. Die Parteien kennen sich, sie vertrauen sich bzw. wissen an welchen Stellen sie sich nicht vertrauen (können, wollen oder dürfen) und haben eine stabile, erfahrungserprobte gegenseitige Erwartungshaltung.

Das bedeutet, dass beide im Zeitablauf immer stärker während der Interaktion in ihrer Komfortzone verbleiben - sofern nicht neue Reize gesetzt werden.

Aus diesem Grund ist es die Aufgabe eines jeden Beziehungsmanagers und Kundenbetreuers in dem Akzeptanzkanal mit seinen Kunden jeweils die oberen Grenzen zu testen, um auch dadurch die Grenzen zu verschieben. Wenn der Kunde Mut gewohnt ist, kann er nur durch noch mehr Mut beeindruckt werden.

Durch das Verschieben der Grenzen im Akzeptanzkanal gewinnt der Berater vor seinem Kunden an Respekt, an Format und an Relevanz. Und klar ist, je höher die Akzeptanzgrenze gewandert ist, desto eher kann ich als Berater Themen ansprechen, die im Zweifel nicht einmal dem besten Freund anvertraut werden.

PS: Ich danke **Marc Laubsch** (Marc Laubsch Training und Coaching, 22087 Hamburg)[4] für dieses Modell und die Inspiration für diesen Beitrag.

---

[4] https://www.marclaubsch.com/

Dies, das, Ananas – Impulse für Zwischendurch

Eine der klassischen Aufgaben von Führungskräften ist es, eine Ordnung zu schaffen die möglichst ohne die Kategorie „Sonstiges" auskommt. Wir kennen das alle: sobald „Sonstiges" zur Auswahl steht gibt es ganz viele Gründe, warum 80 % oder mehr in diesen Topf hinein gehört.

Wie so oft im Leben ist es leichter gesagt als getan, was auch erklärt warum dieses Buch nicht ohne „Sonstiges" auskommt – et voila!

PS: „Dies, das, Ananas" stammt von meinem Sohn und ist häufig die Antwort auf die Frage, was in der Schule dran gewesen ist.

Gedanken zu Umstrukturierungen bei Finanzdienstleistern

Wir müssen uns schlanker aufstellen!" oder "Wir konzentrieren uns noch stärker auf den Kunden!"

So oder ähnlich werden täglich notwendige Veränderungen in den verschiedenen Organisationen anmoderiert. Und ganz schnell folgen die Reaktionen der (womöglich) betroffenen: "Das machen wir doch schon!", "So schlecht, wie wir gemacht werden, sind wir nicht!" oder "Das ist falsch, das geht so nicht!" usw.

Das kann man jetzt als natürlichen Abwehrreflex der (trägen) Organisation abtun, aber das allein springt zu kurz.

Gerade bei Finanzdienstleistern ist eine objektive Kontrolle der Leistung und Leistungsqualität der Mitarbeiter schwierig. Ob eine Kreditentscheidung oder ein Investment richtig oder falsch waren, dass weiss ich meistens erst Jahre später. Und wenn es schief gegangen ist, dann kann es am Mitarbeiter bzw. seiner Einschätzung gelegen haben, muss es aber nicht.

Das Vertrauen der Führungskraft in seine Mitarbeiter ist damit also nochmals deutlich wichtiger, als es ohnehin vorausgesetzt wird und/oder in anderen Industrien möglich ist. Vertrauen ersetzt ein Stückweit die Qualitätskontrolle.

Machen wir uns nichts vor: die meisten Prozesse sind durch IT-Abläufe mehr oder weniger vorgegeben. Eine Umstrukturierung im Betrieb hat nur eine geringe oder erst eine langfristige Auswirkung auf die Abläufe. Wenn sich die Kollegen kennen und vertrauen, dann können sie sehr gut zusammenarbeiten - egal in welcher Organisation sie arbeiten. (Solange gesetzte Ziele dem nicht entgegen stehen.)

Viel entscheidender - als die rein sachlich verargumentierte Veränderung - ist also die Tatsache, dass eine Umorganisation ein Machtmittel für die Führungskraft/-mannschaft ist. Bestehende Seilschaften können zerschlagen werden und Vertrauensleute können platziert werden.

Diesen Misstrauensbeweis sollte man jedoch nicht zwangsläufig persönlich nehmen. Üblicherweise wird der Organisation misstraut, nicht konkreten Personen (es sei denn, es gibt einen Anlass dazu).

Es ist wichtig, diese zweite (soziale) Facette einer Umorganisation zu erkennen und sich in der Auseinandersetzung mit der persönlichen Betroffenheit nicht an der Sachebene festzubeissen.

Seien Sie innerlich dankbar, dass die Katze aus dem Sack gelassen wurde. Erkennen Sie die Chance - und wenn Sie dabei bleiben wollen - bringen Sie sich ein. Zeigen Sie, dass Sie vertrauenswürdig und Teil der Zukunft sind. Ihre Ideen sind gefragt - nicht zwangsläufig zur Umsetzung, sondern als Identitätsbeweis. Diskutieren Sie durchweg konstruktiv, auch so können Sie Einfluss nehmen.

Jede Regung, die als Blockade oder Widerstand gesehen werden kann, wird womöglich missverstanden. (Nochmal: es geht nicht um die Sachebene, auch wenn einzig diese offen besprochen wird.)

Im Internet heißt es: "Don't feed the Trolls!" - bei Veränderungssituationen im Betrieb gilt es abgewandelt: "Füttern" Sie nicht das Misstrauen oder die Skepsis der Vorgesetzten.

(Und, wenn man nach dem Lesen des Textes ehrlich zu sich selbst ist: Die Ankündigung einer Umorganisation fühlt sich für die Mitarbeiter wie ein Vertrauensentzug an - oder?)

Ein Coronahalbjahr - quo vadis Mittelstand?

Inzwischen leben wir in Deutschland mehr als 6 Monate mit neuen, veränderten Rahmenbedingungen, die das Corona Virus mit sich gebracht hat.

Während wir am Anfang der Krise bei den meisten Unternehmen einen Geschäftsausfall erlebt haben, weil der „Lockdown" physische Präsenz in weiten Teilen verhindert hat. Die sogenannten systemrelevanten Unternehmen haben weitergearbeitet (durften oder mussten sogar), teilweise am Limit teilweise auch mit reduzierten Kapazitäten. In dieser Zeit sind die Hygiene-Konzepte entwickelt worden, die weitestgehend auch heute noch Bestand haben.

Die ersten Gedanken in dieser Phase waren bei den Mitarbeitern. So ging es neben dem reinen Schutz der Gesundheit der Mitarbeiter auch um Fragen der Urlaubsplanung und der Kurzarbeit.

Aber direkt im nächsten Schritt sind die abrupten Umsatzeinbußen schlagend geworden. In kaum einem Unternehmen war oder ist die Kostenbasis in der Geschwindigkeit anpassbar, wie die Umsätze entfallen sind. Kosten sind aufgelaufen, Verluste wurden gemacht. Ganz schnell war das Thema Mietstundungen auf der Agenda und wurde dann von der Bundesregierung auch in entsprechende Regelungen gegossen. Ergänzt wurden viele Soforthilfen von Bund und Ländern, aber auch der KfW Unternehmerkredit wurde in der Krise sofort angepasst und zur Verfügung gestellt. Die Kombination aus neuen Prozessen und der schieren Antragsflut hat zu einer gewaltigen Mengenüberforderung der Förderinstitute und Hausbanken geführt.

Mit den ersten leichten Lockerungen und dem damit verbundenen wieder Anlauf der Wirtschaft in einem breiteren Umfang ist ein Stück weit Zuversicht zurückgekehrt und auch der Druck auf die Hilfsprogramme oder Fördermittel hat sich abgemildert.

Trotzdem ist es bei den meisten Unternehmen auch heute noch ein Unterschied in dem Niveau auf dem sie ihr Geschäft betreiben können im Vergleich zu vor der Krise. Bei einigen reicht es nicht für einen profitablen Geschäftsbetrieb aus, bei anderen wird zumindest eine schwarze Null verdient. Beide eint die Hoffnung auf bessere Zeiten, dafür halten sie durch. Natürlich gibt es auch - wie in fast jeder Situation - Gewinner aus dieser Zeit, insbesondere solche die Produkte vertreiben, die in dieser Zeit sehr stark nachgefragt werden (zum Beispiel Desinfektionsmittel), solche, die ein Onlinegeschäft betreiben und daher von dem verstärkten Home Shopping Trend profitieren können und natürlich auch solche, die Alternativen zum klassischen Urlaubsverhalten (Freizeitartikel die Schlauchboote oder Fahrräder, Outdoorangebote) anbieten konnten.

Während die Hygienemaßnahmen und die Abstandsregeln ihrerseits auch Kosten verursachen, so ist in der Breite wahrnehmbar, dass die geringere Kundenanzahl oder Gästeanzahl aufgrund der Abstandsregelung oder aufgrund eines eingeschränkten Konsumerlebnisses in Form einer Umsatzeinbuße deutlich schmerzhafter wiegt, als ein zusätzlicher Aufwand bzw. zusätzliche Kosten aus der Hygiene oder aus der Investition in entsprechende Ladeneinrichtung.

Ich glaube wirklich jeder Unternehmer hat sich in den letzten sechs Monaten Gedanken über sein Geschäftsmodell gemacht. Sei es wie er im Falle eines erneuten Lockdowns eine Schließung seines Geschäftes verhindern kann, beispielsweise durch die Aufnahme von Lebensmittel in das Sortiment, um so (hoffentlich) eine System Relevanz zu erreichen. Sei es wie ein Onlinegeschäft gestartet oder idealerweise weiter entwickelt werden kann. Sei es wie eine kontaktfreie Auslieferung an den Endkunden ermöglicht werden soll. Sei es wie durch neue Produkte und/oder neue Dienstleistungen die Profitabilität gesteigert werden kann, auch um die aufgelaufenen Schulden abzuzahlen. Letztlich gibt es auch einige, die bis heute kein wirklich funktionierendes Geschäftsmodell entwickeln konnten. Ich rede hier nicht über die Profitabilität dieses Geschäftsmodells, sondern über das grundsätzliche funktionieren dieses Geschäftsmodells. Großveranstaltungen sind bis heute nicht möglich, zu Recht nicht möglich, haben jedoch gleichzeitig einen derart langen Planungsvorlauf, sodass selbst ein Neustart Großveranstaltungen sehr wahrscheinlich sich erst mit entsprechender Verzögerung auswirken kann. Gleiches gilt für Messen, gleiches gilt für den Kulturbetrieb.

Die Unternehmen sind im großen Ganzen also in einer Situation, in der sich die Substanz der Unternehmen tendenziell verschlechtert hat. Ich habe höhere Verbindlichkeiten auf meiner Bilanz, ohne dass ich dafür Investition getätigt hätte. Letztendlich wurden lediglich Verluste finanziert bzw. Kosten durch Stundung in Verbindlichkeiten gewandelt.

In dieser Situation sind jedoch Investitionen notwendig, um das Geschäft weiter zu entwickeln und um es nachhaltig krisenfest auszugestalten. Aber wie sind diese Investitionen möglich?

Machen wir uns nichts vor, es ist für größere Unternehmen einfacher an die Fördermittel zu gelangen. Es arbeiten dort mehr Menschen, mehr Hände an den Themen und aufgrund der Größe sind viele auch besser vorbereitet. Vergegenwärtigen wir uns die Presse aus der Phase, in der die Hilfspakete noch in Diskussion waren. Welche Unternehmen haben sofort die Mieten Stunden wollen, welche Unternehmen haben bereits die KfW-Anträge gestellt, bevor der offizielle Prozess kommuniziert war?

Richtig, alles Unternehmen mit einer ausgeprägten internationalen Vernetzung, die sicherlich als Teil ihres Risikomanagements auch Pandemiepläne bereits in der Schublade hatten.

Ich möchte jetzt nicht über die Gerechtigkeit oder Ungerechtigkeit in der Verteilung von Fördermittel an Unternehmen lamentieren, sondern ich möchte im Folgenden gedanklich eher auf die kleineren Unternehmen abstellen, die im Durchschnitt in einer etwas weniger komfortablen Situation sein dürften.

Mit kleineren Unternehmen meine ich insbesondere, aber nicht ausschließlich, die Unternehmen, in denen der Gewinn eher als Unternehmerlohn, denn als Kapitalverzinsung zu verstehen ist. Dies losgelöst von der gewählten Rechtsform.

Aktuell besteht ein Moratorium in Bezug auf die Insolvenzantragspflicht bis zum 30.9.2020. Es gibt starke Indizien dafür, dass dies bis zum 31.12.2020 verlängert wird. Aber danach wird es auslaufen.

Auf der einen Seite mag dieses Moratorium Zeit und Hoffnung bringen, auf der anderen Seite führt es aber auch im Geschäftsverkehr zu zunehmendem Misstrauen. Keiner weiß mehr wirklich, wie gut seine Geschäftspartner tatsächlich sind. Ich persönlich habe zwischen Handwerkern auch bereits Forderungen von bis zu 50 % Vorkasse gehört.

Letztlich darf auch nicht vergessen werden, dass das Moratorium ausschließlich die Insolvenzantragspflicht behandelt, sie hebt nicht die persönliche Haftung der Geschäftsführer bei Vorliegen von einem der zwei Insolvenzgründe (Zahlungsunfähigkeit oder bilanzielle Überschuldung) auf. Wenn ich also ein angestellter Geschäftsführer bin, dann bin ich quasi gezwungen, mich so zu verhalten, als gäbe es dieses Moratorium nicht. Nur als Gesellschaftergeschäftsführer oder als Mitglied einer Familien-GmbH kann ich möglicherweise hier anders agieren.

Des Weiteren haben möglicherweise auch viele Unternehmer die Ausschüttungssperre bei der Nutzung des KfW- Unternehmerkredites schlichtweg übersehen:

„Entnahmen, Gewinn-und Dividendenausschüttungen sowie die Gewährung von Darlehen der Gesellschaft an die Gesellschafter sind ebenso wie die Rückführung von Gesellschafterdarlehen ab dem Zeitpunkt der Antragstellung bei der KfW bis zur vollständigen Rückzahlung des Kredits nicht zulässig. Dies gilt auch für bereits von Hauptversammlungen gefasste Gewinn-und Dividendenausschüttungsbeschlüsse."

Es macht also unmittelbar Sinn, sich einmal mit der gesamten Kapitalstruktur seines Unternehmens zu befassen. Neben dem möglicherweise sinnvollen Wunsch, die KfW-Hilfe vorzeitig zurückzuzahlen, um dann auch wieder notwendige Ausschüttungen vornehmen zu können ist eine darüber hinausgehende Inventur sämtlicher Kredit- und Finanzierungsverträge sinnvoll. Das Augenmerk sollte nicht primär darauf liegen sich zu günstigeren Konditionen als bisher zu finanzieren, sondern darauf eine möglichst sinnvolle und belastbare Finanzierungsstruktur in die Bilanz zu bekommen.

Dazu gehört es zunächst einmal zu prüfen, ob die Einhaltung bestimmter Finanzkennzahlen (sogenannte Covenants) in einem Vertrag vereinbart wurde. Dies muss nicht zwingend ein Bankkreditvertrag sein, es kann auch aus einem Vertrag mit einem Dritten Kapitalgeber resultieren. Wenn dem so sein sollte, dann muss man natürlich schauen, ob diese Kennzahl droht gerissen zu werden - und in Abhängigkeit der Konsequenzen sind dann gegebenenfalls Gegenmaßnahmen zu überlegen.

Die Eigenkapitalquote kann ich verbessern, indem ich Finanzierungslösungen wähle, die zu einem echten Bilanzabgang führen - beispielsweise Leasing für Anlagevermögen und Factoring für Forderungen (Sicht HGB aufgrund der Unternehmensgröße), aber auch in dem ich tatsächlich frisches Kapital in das Unternehmen hinein gebe. Und das dürfte oftmals notwendig sein, weil gerade mit Corona im Hinterkopf eine vollständige Fremdfinanzierung einer neuen Investition (gerade wenn dann noch die KfW-Mittel (Haftungsfreistellung der Hausbank) abgelöst sein sollten) nur sehr schwer möglich sein dürfte.

Über welche Möglichkeit macht es Sinn nachzudenken?

1. Am einfachsten und damit auch am sinnvollsten ist natürlich eine Kapitalerhöhung durch die bestehenden Altgesellschafter. Hier besteht eine Beziehung, idealerweise vertrauensvoll, und das Unternehmen, in das investiert werden soll, ist bestens bekannt.
2. Die zweitbeste Lösung könnte eine Bürgschaftsbank sein, die zwar kein Eigenkapital einschließt, die aber hilft Risiken für die Banken abzuschirmen, so das eine Begleitung einer neuen Investition wahrscheinlicher wird. Voraussetzung ist allerdings hier eine Profitabilität des Unternehmens, da die Bürgschaft auch zu weiteren Kosten über die eigentliche Finanzierung hinaus führt.
3. Danach kann man sich noch mal in dem Markt für sogenannte Mezzanine-Programme umsehen, diese werden in der Regel steuerlich als Fremdkapital ausgestaltet, sodass der Zins auf das Messer in den Kapital den steuerlichen Gewinn schmälert, aufgrund der Laufzeit

und der Unkündbarkeit während der Laufzeit kann das Mezzaninekapital wirtschaftlich als Eigenkapital angesehen werden. Es gibt durchaus Ratingverfahren in Banken, die diese Bewertung teilen. Ich persönlich finde wichtig darauf zu achten, dass das Mezzanine nicht als stille Beteiligung ausgestaltet ist, sondern als Genussrecht. Zur stillen Beteiligung schreibe ich etwas im folgenden Absatz, dass Genussrecht hat den Vorteil, dass es ein Wertpapier ist und daher nach den Regeln eines Kaufvertrages weiterveräußert werden kann.

4. Die nächstbeste Möglichkeit wäre eine stille Beteiligung, wobei es sinnvoll ist sich hier im Umkreis von Family und Friends zu bewegen. Eine stille Beteiligung erlischt durch die Auflösung und Abwicklung der stillen Gesellschaft. Das kann, sofern das Mezzaninekapital nicht planmäßig bedient werden kann, weil die wirtschaftliche Entwicklung möglicherweise schlechter ist als geplant, sehr unangenehm werden und damit das Unternehmen in der Existenz bedrohen. Daher der Hinweis auf Familie und Freunde. Die Beziehung muss intakt sein, damit man auch in schwierigen Zeiten noch vernünftig zueinander findet, um das Unternehmen durch die Krise zu manövrieren. Dass Genussrecht (siehe Abs. 3) kann beispielsweise mit einem Wandlungsrecht ausgestattet werden und so kann der Kapitalgeber seine Fremdkapitalposition in Eigenkapital wandeln, wenn er nicht zurückgezahlt wird. Ein neuer (Mit-)Gesellschafter ist möglicherweise das kleinere Übel als die Abwicklung des Unternehmens.

5. Danach steht natürlich die Möglichkeit auch neue Gesellschafter aufzunehmen, vermutlich macht man dies aber am liebsten in Zeiten wirtschaftlicher Stärke und nicht in Zeiten wirtschaftlicher Not, denn wahrscheinlich wird die Bewertung der Anteile, auf die man sich verständigen muss dem Unternehmer in der Seele wehtun.

Bewusst ohne Nummerierung aber nicht weniger bedenkenswert sind auch die beiden folgenden Punkte:

- vielleicht ist es die richtige Zeit mit einem Partner der Stärken hat, die ich nicht habe und der Schwächen dort hat, wo ich Stärken habe, in eine Kooperation zu gehen. Egal ob es ein Joint Venture wird / bleibt, oder ob es im Zielbild sogar zu einer Verschmelzung der beiden Unternehmen kommt: Zusammen ist man stärker, die größere, gemeinsame Kundenbasis kann intensiver bespielt werden und auf der Kostenseite lassen sich normalerweise auch einige Vorteile heben. Wichtig ist, dass beide eine wirtschaftlich vergleichbare Ausgangssituation haben, so das in der Beziehung Augenhöhe bleibt und keine Gewinner / Verlierer erzeugt werden.

- Letztlich - und das ist eine ebenso schmerzliche wie individuelle Entscheidung - kann es auch der richtige Zeitpunkt sein, an das Aufhören zu denken. Gerade wenn mir der Gedanke an die Zukunft mehr Sorgen als Chancen in den Kopf bringt, dann kann es mental und finanziell gesund sein, den für sich richtigen Zeitpunkt zu erkennen und nicht aus falschem Stolz oder Verbissenheit viel von dem bisher erreichten wieder zu riskieren und zu verspielen. Vielleicht ist ein Generationswechsel die Lösung, um frische Tatkraft und andere Ideen in das Unternehmen einzubringen, vielleicht ist auch der Verkauf an ein Partner oder möglicherweise sogar den schärfsten Wettbewerber die richtige Lösung.

Jede Lösung auf diese herausfordernden Umstände wird hochgradig individuell sein. Der Unternehmer tut gut daran, mit jedem zu sprechen, dem er vertraut. Vielleicht erzählt er nicht die ganze Geschichte, sondern nur einen Teil davon - in der Hoffnung so Antworten zu bekommen und neue Fragen zu lernen. Wenn die Geschichte zu fertig klingt, werden viele versuchen ihm in der Umsetzung dieser Geschichte zu helfen, ihm aber nicht sagen können ob es die richtige Geschichte, seine Geschichte ist.

Viele Banken und Sparkassen haben Spezialisten für die Nachfolge. Hier lassen sich interessante Impulse für den Unternehmer abholen. Auch ein Financial Planning, das üblicherweise im Private Banking angeboten wird, bietet eine neue Perspektive auf das Familienvermögen und sollte für die weitere Entscheidung eine Berücksichtigung finden.

Zur Zukunft des Geldes

In den letzten Wochen und Monaten häufen sich die Berichterstattungen rund um einen digitalen Euro. Teilweise wird diese Berichterstattung auch angeheizt von den Facebook-Plänen mit der eigenen Cryptowährung „Libra".

Ich glaube fest daran, dass wir in irgendeiner Form eine digitale Währung, einen digitalen Euro bekommen werden. Ich finde, die Möglichkeit, die SEPA mit instant payment bietet, ist bereits der erste Schritt in diese Richtung - selbst wenn dafür unverändert ein Konto notwendig ist.

Eine digitale Währung benötigt natürlich eine Form von Anker, über die sie sich manifestieren kann. Eine Kopplung mit Hardware, wie zum Beispiel die Girocard, würde ich ausschließen - aus Gründen von Fälschungssicherheit aber auch von technischer Zuverlässigkeit.

Also wird es eine stark softwaregetriebene Form sein, in der dann wahrscheinlich unser Smartphone eine wichtige Rolle spielen wird. Da nicht jeder ein Smartphone hat oder haben wird (oder der Akku ist mal alle...), wird es auch die Möglichkeit geben, weiterhin über physisches Geld zu verfügen. (Eine offizielle Währung, die Teile der Bevölkerung ausschließt kann und mag ich mir nicht vorstellen.) Eine echte Wende wäre erst dann möglich, wenn jeder Mensch (wie ein Hundewelpe) gechippt wird – aber dann müssten sämtliche Zahlungspunkte in Deutschland technisch nachgerüstet werden. (Es hakt für mich an dem Punkt: Wird es eine echte digitale Währung mit allen Merkmalen einer Währung, oder wird es nur eine Form von Buchgeld mit eigenen Übertragungswegen.)

Ob es eine Cryptowährung wird, die die gleiche Art von Anonymität ermöglicht, wie auch Bargeld, vermag ich nicht zu beurteilen. Ich könnte mir jedoch eher vorstellen, dass der Staat ein Interesse daran hat, für die Nutzer der Währung Guthabenkonten in der jeweiligen Zentralbank zu führen und eben diese Anonymität zu vermeiden.

Gegen die Anonymität sprechen auf der einen Seite natürlich die gleichen Argumente, wie sie auch bei der Abschaffung der 500 €-Noten in Position gebracht wurden: Geldwäsche und Terrorismusfinanzierung. Auf der anderen Seite kann ich bei einem derartigen Zentralbanken-Modell vielleicht leichter flächendeckende Negativzinsen durchsetzen, da das Bargeld als Fluchtmöglichkeit fehlt und ich direkt die Guthabenkonten im Zugriff habe. Gleichermaßen - und da ist die öffentliche Hand immer sehr kreativ - lassen sich auch pauschale Steuermodelle viel leichter um- und durchsetzen (z.B. in der Besteuerung von bestimmten Buchungsposten).

Davon ab, geht es den Menschen in der Arbeit immer mehr Sinnstiftung und um Selbstverwirklichung. Ein hohes Einkommen ist nicht mehr das primäre Karriereziel. Die Bedeutung des Einkommens Erwerb aus der Arbeit sinkt. Nicht aus einer wirschaftlichen Perspektive heraus, sondern aus der Lebensperspektive heraus. Dies passt natürlich zu einem veränderten Wirtschaftsmodell, das stärker auf Nachhaltigkeit ausgerichtet ist und nicht mehr ausschließlich von einem Wachstum befeuert werden muss.

Die Zinsen werden dauerhaft niedrig bleiben. Dies ist inzwischen eine politische Notwendigkeit. Solange Europäische Union in der bestehenden Form zusammengehalten werden soll, bleibt der Euro das verbindende und stabilisierende Element. Die gestiegene Staatsverschuldung, die bereits vorher bei den meisten südeuropäischen Staaten dramatische Ausmaße hatte, verhindert einen Zinsanstieg, der kurzfristig Staatspleiten oder weitere Rettungsaktionen zur Folge hätte. Wirtschaftlich sind wir zudem inzwischen einer Situation, dass ein Zinsanstieg zu einer dämpfenden Wirkung auf die Realwirtschaft führen würde - und damit dem Zinsanstieg wieder den Boden unter den Füßen entzöge. Wir haben den aktuellen Rahmenbedingungen also kein Rückenwind, der eine Zinserhöhung nachhaltig anfüttern könnte. Gleichermaßen spricht die stark aufgeblähte Geldmenge im Verhältnis zu den nur moderat gewachsenen Vermögenswerten gegen eine Zinserhöhung. Das einzige Ventil, das eine Zinserhöhung in näherer Zukunft gestatten würde, wäre eine signifikant hohe Inflation, die wiederum nicht gewollt und aktuell nicht in Sichtweite ist.

Eine digitale Währung, egal in welcher Form, wird einen Teil der Giralgeldschöpfung entbehrlich machen. Es gibt weniger Verrechnungskonten auf den tageweise Verrechnungssalden stehen und gleichzeitig werden Forderungen und Verbindlichkeiten schneller ausgeglichen als in der Vergangenheit. Hinzu kommt, dass der Unterschied zwischen Bargeld und Konto durch eine digitale Währung letztlich aufgehoben wird. Ich habe also keine Kontoüberziehung, um Bargeld im Portmonee zu haben.

Die Digitalisierung und die in diesem Zuge entstandenen vielfältigen Apps und neuen Dienstleistungen führen dazu, dass sich in der Bevölkerung stärker das Konzept von Nutzung als von Besitz und Eigentum manifestiert. Das sehen wir bei Musikdienstleistern, wo gestreamt wird, anstelle dass noch Tonträger käuflich erworben werden. Die Beispiele lassen sich beliebig fortsetzen.

Dies spricht also für Miete, Leasing und Sharing.

Wichtiger als Eigentum und Besitz wird also sehr wahrscheinlich ein regelmäßiger Einkommensstrom, der den gewünschten/gewohnten Lebensstil mit den entsprechenden Nutzungsmöglichkeiten gestattet. Damit wird auch tendenziell der Bedarf an Kreditfinanzierungen für Haushalte zurückgehen, weil weniger selbst investiert wird. (z.B. keine Autos mehr)

Dies macht in Summe das Leben spontaner und ein Stück weit auch freier, weil eine Bindung durch bestimmte Besitztümer nicht vorhanden oder nur schwächer ausgeprägt ist.

- So werden manche Menschen möglicherweise häufiger umziehen, vielleicht sogar anstelle von großen Reisen. Home Office und mobiles Arbeiten machen es möglich von überall auf der Welt seiner Aufgabe nachzugehen. Mindestens jedoch wird auf diese Weise ein Leben in ländlichen Regionen wieder attraktiver und so gestärkt. Ein Comeback der strukturschwachen Regionen entlang des Glasfasernetzes...

- Das Management der laufenden Kosten und Ausgaben wird noch wichtiger als in der Vergangenheit. Hier werden weitere Assistenten/Apps und Dienst- bzw. Beratungsleistungen an Bedeutung gewinnen.

- Bei der Altersvorsorge wird man womöglich stärker auf monatliche Auszahlungen schauen, als auf eine gesamte Wertentwicklung der Vermögensanlage. Auch eine mögliche Absicherung von erwarteter Teuerung dürfte vermutlich eine zunehmende Anzahl an Personen interessieren. Dividendenwerte sind ein mögliches Stichwort.

- Letztlich dürfte auch die elektronische Währung weitere Begehrlichkeiten des Staates wecken, da es dem Individuum schwerer fällt sich dem staatlichen Zugriff zu entziehen. Die reine Steuererklärung wird vermutlich nicht viel aufwendiger werden, als ein einfacher Mausklick oder ein Antippen auf einem Smart Screen, aber genauso transparent ist man als Bürger dann auch auf der anderen Seite, wenn es ans Bezahlen geht.

Ich persönlich gehe davon aus, dass der Trend zu einer elektronischen Währung nicht auf Dauer aufzuhalten sein wird. Zu attraktiv sind die Möglichkeiten aus einer staatlichen Perspektive: es entstehen geringere Transaktionskosten und die staatlichen Zugriffsmöglichkeiten sind in jedem Fall besser, als bei einer physischen Währung aus Banknoten und Münzen.

Kritisch ist an dieser Entwicklung natürlich anzumerken, dass der Gewinn an persönlicher Freiheit durch einen Verlust an Autonomie gegenüber dem Staat erkauft wird. Natürlich kann man, wie so oft, auch anmerken, dass dies für jemanden, der nichts zu verbergen hat, kein Problem sein darf. Aber die Summe der Entwicklungsschritte darf einem schon ins Auge stechen.

Allheilmittel Plattformbanking im Firmenkundengeschäft?

Seit Jahren, macht der Hype vom Plattform-Banking die Runde. Ich sage bewusst Hype, denn selten gibt es bei noch sehr nebulösen Vorstellungen über eine Ausgestaltung der Zukunft derart viel Hoffnung, die damit verbunden wird. Hinzu kommt, dass zahllose Beratungsgesellschaften mit ihren Whitepapers das Zeitalter der Plattformen ausgerufen haben und weiter ausrufen.

Natürlich gibt es die Notwendigkeit oder auch das wachsende Kundenbedürfnis für eine vollständige Digitalisierung der Produktpalette einer Bank im Firmenkundengeschäft – und dies schließt die Online-Abschlussfähigkeit selbstverständlich mit ein. Manche mögen diesen medialen Vertriebskanal bereits als Plattform bezeichnen - ich würde sie maximal als Kunden-Cockpit titulieren. Denn die Plattform, die dahinter steht, ist allenfalls eine rein technische.

Wenn man mit Bankern über Plattform und Zukunft spricht, dann kommen oft die Bilder von den großen Digitalkonzernen und Startups, die auch ohne eigene Assets hohe Börsenbewertungen erreichen – Uber, AirBNB usw.

Die Idee, also der Wunsch hinter der Plattform-Bewegung ist es also ganz offensichtlich, den Mehrwert aus den Kundenbeziehung zu Monetarisieren. Bösartig formuliert also den eigenen Vertriebsmehrwert als Mauthäuschen zwischen die Kundenbeziehung und den Produktlieferanten zu stellen. Oftmals wird in diesem Kontext auch ein Unternehmen wie Amazon genannt, also die Idee und Fähigkeit eigenen Kunden auch Fremdanbietern zugänglich zu machen und gleichzeitig von den erfolgreichen Fremdanbietern zu lernen und das eigene Produktangebot zu optimieren (und die Fremdanbieter dann wieder abzuwehren).

Auf dem Papier sind das erst einmal ganz tolle Ideen, allerdings darf man nicht vergessen, dass es in der digitalen Welt für fast jedes Problem eigentlich immer nur ein erfolgreiches Unternehmen gibt (rechtliche oder geopolitische Marktbeschränkung einmal außen vor gelassen). Es bedeutet, dass nur die größte und die leistungsfähigste Plattform im Markt überleben wird. Das liegt daran, dass nur der Stärkste von Kunden und Produktanbietern zugleich als hinreichend relevant angesehen wird; die anderen werden sukzessive austrocknen.

Was in diesem Kontext aber auch eine ganz erhebliche Rolle spielt, ist die Tatsache, dass die Banken und Sparkassen bisher traditionell an dem Universalbankmodell festhalten. Bis auf Spezialprodukte werden alle Produkte im Haus selbst „hergestellt" bzw. auch zu gelieferte Produkte werden individualisiert und auf das Haus angepasst. Es gibt außerhalb des Wertpapier- und Versicherungsgeschäftes kaum eine Kultur in Banken, die mit dem Vertrieb von White-Label-Lösungen erprobt ist. (Fremdsoftware wird zumeist in das eigene Angebot oder ein Leistungspaket integriert.)

Darüber hinaus ist zu bedenken, dass Banken in einem hohen Maße Fixkosten getrieben sind. Fixkosten haben nun mal (leider) die Angewohnheit dass es viele mögliche Konventionen gibt, wie diese Fixkosten auf Geschäftsfelder, auf Kunden und auf Produkte herunter gebrochen werden können.

Damit lässt sich nur erahnen, wie groß mögliche und gleichzeitig auch realistische Bandbreiten für die Prozesskosten der einzelnen, eigenen Produkte sind. (Und manchmal wurde das Prinzip "Gießkanne" auch zur Vermeidung von internen Konflikten verwendet.)

Eine echte Plattform-Strategie führt also ganz zwangsläufig im ersten Schritt dazu, dass ich meine eigenen Produktionsprozesse durchkalkulieren und mit dem Wettbewerb benchmarken muss. Konsequent zu Ende gedacht bedeutet dies, dass sich für mein gesamtes Produktangebot, für jedes einzelne Produkt eine make-or-buy Entscheidung treffe.

Bereits dieser erste Schritt wird die Bank, die sich für eine Plattform-Strategie entschieden hat, also mit ganz erheblichen Veränderungen konfrontieren.

Bevor also eine Plattform-Strategie entwickelt wird, muss man sich über die eigenen Stärken und Schwächen im Klaren sein. Auf der Plattform haben die eigenen Schwächen nichts zu suchen und nur die Stärken ermöglichen einen Erfolg im Markt.

Wenn meine individuelle Stärke die Kunden sind, ich also eine **Kundenbank** bin, dann muss ich das Augenmerk auf die Bedarfserkennung und die Bedarfsabdeckung am Kunden legen. Und dann muss es egal sein, von wem physisch die Lösung geliefert wird. (= Ich bin Betreiber meiner Kundenplattform und biete Kundenzugang; gleichzeitig muss ich meine Kundenbeziehungen gegen Dritte abschirmen - das gelingt vorrangig durch gute Beratung.)

Wenn meine individuelle Stärke hingegen die effizienten Prozesse sind, ich also eine Prozessbank bin – und dabei höchstwahrscheinlich auch Kostenführer, dann muss mein Ziel sein, über Plattformen jedweder Anbieter die Auslastung und den Erfolg meines Apparates zu steigern. (=Ich bin Zulieferer für die Plattformen Dritter)

Als **Bilanzbank**, d.h. ich bin mit einer guten Risikotragfähigkeit ausgestattet und habe meine Stärke im Risikomanagement, kann ich mich für einen der beiden vorgenannten Wege entscheiden, um zu mehr Geschäft zu kommen. Da ein Kredit über seine Laufzeit auch eine gewisse Bindungswirkung zum Kunden entfaltet, könnte der Weg der Kundenbank durchaus eine sinnvolle Perspektive darstellen.

Corona und das Risikomanagement

Wir dürfen weiter medial erleben, welche umfassenden Veränderungen diese Virus-Krise mit sich bringt. Wenn das alles stimmt, ist danach alles digital und ich fahre nie wieder ins Büro - und vielleicht auch nicht mehr zum Kunden. Ich lasse mir alles liefern und die Welt ist ein besserer Ort als vorher.

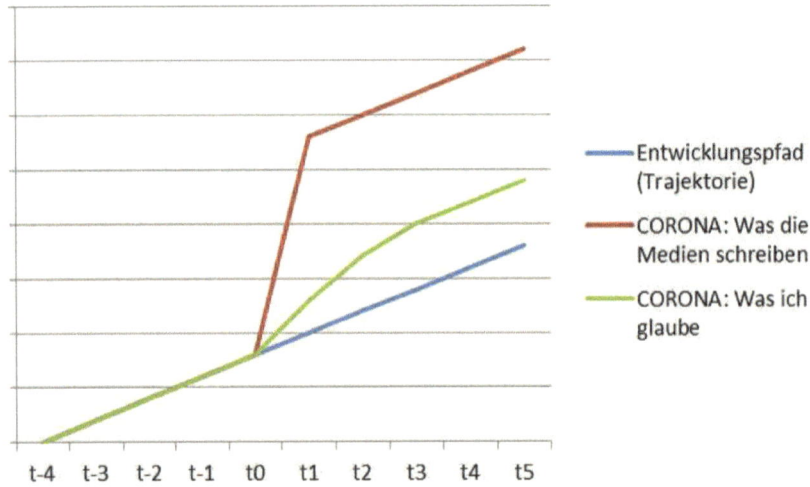

Abbildung 4 - Entwicklungsschub durch Corona

Das Bild, das von einem Entwicklungsschub durch Corona gezeigt wird, halte ich für überzeichnet (siehe Abbildung). (Allerdings ist das nicht zwingend ein mediales Corona-Spezifikum.)

Jedoch dürfen wir alle erhebliche Auswirkungen auf das Risikomanagement erwarten, denn eine Pandemie mit derartigen Einschränkungen und Folgeeffekten hatte wahrscheinlich kaum jemand auch nur annähernd auf der Rechnung. Möglicherweise lediglich die Großunternehmen, die bereits bei dem Staat auf der Matte standen, bevor es diese Hilfsprogramme gab. Es könnte mithin ein Ausdruck von Vorbereitung sein und nicht nur von eingetretener Not.

Ohne Anspruch auf Vollständigkeit sehe ich für:

Unternehmen

- **Professionalisierung des Debitorenmanagements.** Factoring und Warenkreditversicherung (WKV) dürften deutlich an relevanz gewinnen. Aktiveres Management der Zahlungsziele (stringentere, risikoorientierte Zahlungsbedingungen. Überwachung von vereinbarten Zahlungskonditionen). (Adressrisiko, Liquiditätsrisiko)
- **Liquiditäts- und Working-Capital-Management.** Verstärkung des Professionalisierungstrends, d.h. vermehrte Einstellung von Spezialisten zur Abdeckung dieser Themen in den Unternehmen. Erhöhung der Fremdfinanzierungsanteile für Investitionen zur Schaffung Liquiditätspuffern. Umsatzkongruente Working-Capital-Finanzierung, z.B. durch Factoring. Versuch der Ausweitung der Kreditorenziele. (Liquiditätsrisiko)
- **Variabilisierung von Kosten.** Verstärkte Nutzung von Zeitarbeit (statt Einstellung von Personal), kurzfristigere Miete von Maschinen (statt Investition/Beschaffung). Aktive(re)s Management von Verträgen und Vertragslaufzeiten (u.a. Kündigungsrechte, Stundungsrechte). Operate Lease statt Finanzierungslease. Mietverträge mit Umsatzkopplung. (Kostenrisiko, Cashburn)
- **Diversifizierung der Lieferketten.** Schaffung von alternativen Beschaffungswegen und -quellen. Unter Inkaufnahme von höheren Beschaffungskosten. (Beschaffungsrisiko)
- **Straffung der Lieferketten.** Gewinnung von mehr Kontrolle und Einfluss. Ausschaltung von Zwischenhändlern. Bevorzugung von lokaler Beschaffung (gleiche geographische Risikosphäre). Unter Inkaufnahme von höheren Beschaffungskosten. (Beschaffungsrisiko)
- **Professionalisierung des Gesundheitsmanagements** im Unternehmen, soweit noch nicht geschehen. Vertretungspläne, Beschaffung/Wartung von medizinischer Schutzausrüstung, Betriebsarzt/Impfungen (Personalrisiko)
- **Automatisierung von kritischen Funktionen**, bzw. zumindest Schaffung von technischer Redundanz. Dort wo durch Quarantäne oder Krankheit in signifikantem Ausmaß Störungen im Prozess (Kundeninteraktion, Produktion oder Auslieferung) entstehen, werden technische Alternativen gesucht und geschaffen, um die Störungen zu minimieren. Dies können Apps sein (Kundeninteraktion), der Bezug von Fertigteilen, Automatisierungen über RPA (Robotic Process Automation), etc. (Personalrisiko)

- **Überarbeitung Homeoffice-Policy und -Infrastruktur.** Überprüfung Datensicherheit/-schutz, Prozesse, Betriebsvereinbarungen und ggfs. auch Software. Abstellung von während der Krise identifizierten Schwachpunkten. (Personalrisiko, IT-Sicherheit, Datenschutz)
- **Überprüfung und Anpassung des Geschäftsmodells.** Vorbereitung auf mögliche Folgeereignisse. Ziel: Aufrechterhaltung des Geschäftsbetriebes und der Wertschöpfung für den Kunden. Neben Onlineshop, Delivery kann auch eine Neugestaltung von Wartebereichen, Kundenzonen, etc. dazu gehören. Ggfs. Aufnahme von kritischen Infrastrukturmerkmalen, um nicht von Schliessungen betroffen zu sein. Entwicklung von weiteren Serviceideen und Abomodellen, um laufende Einnahmen aus der Bestandskundschaft sicherzustellen. (strategisches Risiko)

Banken und Fremdfinanzierer

- **intensivere Befassung mit dem Geschäftsmodell des Kunden.** Eine formalisierte Betrachtung von Zahlen der Vergangenheit reicht nicht aus, um die Robustheit und Überlebensfähigkeit eines Geschäftsmodells zu überprüfen - und damit nicht, auf dieser Basis eine Kreditentscheidung zu treffen. Ggfs. Absenkung der Risikorelevanzgrenzen in den Kreditinstituten und/oder differenziertes Vorgehen nach Branchen. Risikoprämien werden steigen für Branchen mit erhöhten Risiken. (Adressrisiko)
- **Risikokosten und damit -prämien werden insgesamt steigen.** Die Kosten für Kreditausfälle durch eine Pandemie werden schwer einzeln zu ermitteln sein, sie sind aber nicht ausreichend als Kreditrisiko eingepreist. Hieraus wird eine Verteuerung über die Kreditportfolien hinweg resultieren. Möglicherweise auch Anpassung der Ratingtools. (Adressrisiko)
- **Stundungsrechte / Sondertilgungen** etc. als Optionsrechte einpreisen und von vornherein in die Verträge aufnehmen. (Impairmentrisiko)
- **Operate-Leases / Pay-per-use-Modelle** (insbesondere das Pricing) überprüfen. War bisher die Herausforderung zumeist die präzise Datenverfügbarkeit, so gesellt sich aktuell die Tatsache hinzu, dass ein Objekt aus einem Operate-Vertag vorübergehend sehr wahrscheinlich gar nicht wieder in den Markt gebracht werden kann, weil der Markt schlicht nicht aufnahmefähig und -willig ist. (Market disruption / Objektrisiken)

- **Betriebsunterbrechung**. Überarbeitung der Produktkriterien für Versicherungsschutz auf Betriebsunterbrechungen. Entweder Ausweitung der Prämien oder Ausschluss von Pandemierisiken. (Leistungs-/Versicherungsrisiko)

- **Insolvenzabsicherung**. Überarbeitung der Produktkriterien für Versicherungsschutz auf Insolvenz. Entweder Ausweitung der Prämien oder Ausschluss von Pandemierisiken als Insolvenzgrund. (Leistungs-/Versicherungsrisiko)

Wofür brauche ich eine Hausbank?

Was ist eine Hausbank?

Die Hausbank ist die Bank in der ich in finanziellen Dingen zuhause bin. Über sie wickle ich alle / den größten (wichtigsten) Teil meiner finanzellen Transaktionen ab. Dieser Begriff wird hauptsächlich für Firmenkunden verwendet, aber ich habe auch schon von Familien gehört, die von einer Bank als Hausbank gesprochen haben. Dann aber in der Bedeutung, dass alle / die meisten Familienmitglieder ihre Bankverbindung bei dieser Bank unterhalten.

Das Attribut "Hausbank" verbindet also einen besonderen Stellenwert mit Nähe und Vertrauen.

Heute höre ich - im Firmenkundenumfeld - den Begriff "Hauptbankverbindung" häufiger. Dieser Begriff sagt wirtschaftlich das gleiche, ist jedoch technisch-distanzierter. Es fehlt etwas Nähe, womöglich auch Vertrauen. Hier werden sicherlich die Finanz- und Bankenkrise ihren Teil zu beigetragen haben, womöglich auch das Verhalten der jeweiligen Bank (z.B. Filialschließung, häufiger Wechsel von Ansprechpartnern), gewiss auch ein Stück weit die Digitalisierung (=stärkere Gewichtung der Dienstleistung über die Beratungsleistung aus Kundensicht?), das risikoadjustierte Pricing (Basel II, Risikogewichte, Margenspreizung) wird ebenfalls einen Beitrag geleistet haben. Der Kunde heute ist offener für einen Wechsel, für Gelegenheiten. Er empfindet die Bindung zu seiner Bank heute seltener als Verbundenheit und häufiger als Gebundenheit.

Verbundenheit können nur Menschen erzeugen. Gebundenheit erzeugen Verträge. Ganz ohne Gebundenheit wird es nicht gehen - dafür geht es für beide Seiten um zu viel. Zu viel Vertrauen und zu viel Geld. Aber die Waagschale gehört ins Gleichgewicht. (Es gibt die Fitnessklubs mit 2-Jahresverträgen, welche die ersten 14 Tage eine Schau abziehen und es gibt jene, die 2 Jahre durchziehen. Die Gebundenheit ist gleich, aber ...

Was ist der Nutzen einer Hausbank?

Für den Kunden besteht der Nutzen vorwiegend in

- Bekanntheit mit und Verlässlichkeit der Bank. Man kennt sich und weiss, was man aneinander hat. Man kann sich gegenseitig gut einschätzen.
- Vertrauen. Durch die gemeinsame Historie konnten beide Seiten ihre Verlässlichkeit und Vertrauenswürdigkeit bewiesen.
- In diesem Umfeld lassen sich auch gemeinschaftlich schwierige oder als besonders sensibel empfundene Themen bewegen.

Ein Produkt kann ich auch am Automaten kaufen, aber einen geschützten Raum, in dem ich mich auch öffnen kann und will, den muss ich suchen.

Für die Bank / Sparkasse besteht der Nutzen in

- tieferer Kundenkenntnis, längere Kundenbeziehung (höherer CLV)
- ein größeres Potenzial für den Vertrieb (mögliche Abdeckung aller finanzieller Themen des Kunden)
- einer breiteren Basis zur Deckung der kundenbezogenen Kosten (Akquisition und Betreuung)

Innovationen im Banking

Auf dem ersten Blick hat die Lebensmittelindustrie mit Finanzdienstleistungen sehr wenig zu tun. Gemeinsam haben sie jedoch, dass in beiden Branchen(gruppen) die Produkte in ihrem Lebenszyklus recht weit fortgeschritten sind und es wenig neue, echte Innovationen gibt.

In der Lebensmittelbranche hat sich in den letzten Jahren ein starker Trend zu Wellness und Bio behauptet. Smoothies waren die letzte große sichtbare und erfolgreiche Innovation der Getränkeindustrie und die Superfoods (z.B. Quinoa) suchen ihren Platz im Lebensmittelregal.

Achten Sie mal über einen längeren Zeitraum auf Werbung in Bezug auf neue Lebensmittelprodukte. Oftmals werden diese ganz schnell wieder aus dem Regal verschwinden - weil sie schlicht keinen zusätzlichen Mehrwert bieten oder kein neues Kundenproblem lösen. Sie setzen sich im Handel nicht durch. Mit ihrem bisherigen Produkt zufriedene Kunden haben schließlich - außer Neugier - kein Wechselmotiv. Etwas anderes (und erfolgreicher) sind Scheininnovationen, die sich im Regelfall als Produktvarianten präsentieren. Hierdurch erreicht der Hersteller zwei Effekte: Er steigert die Auslastung seiner Produktion und die Produktvarianten werden, da es Mehrwertprodukte sind, teurer angeboten als das Basisprodukt. Hierdurch wird etwas Preisdruck vom Kernprodukt genommen, ggfs. bietet sich dieser "Windschatten" sogar für dezente Preiserhöhungen an. Das Basisprodukt - oftmals jahre- und Jahrzehntelang im Markt - wird so verjüngt, in dem es von Innovationen umgeben wird. Diese scheininnovativen Produktvarianten schaffen häufiger eine dauerhafte Existenz, weil sie das Kernprodukt um eine Nische erweitern - bleiben aber immer (relativ) im Hintergrund. Das Basisprodukt wurde jedoch durch die Schaffung einer Produktfamilie aufgewertet. (PS: Ich rede über Produkte, nicht über Marken!)

Ich habe einige Jahre in der Süßwarenbranche gearbeitet und kann aus eigener Erfahrung bestätigen, dass die Schokolade erfunden ist. Man kann Form, Füllung und Verpackung verändern und durch veränderte Produktionsverfahren Schichtungen und Konstellationen erreichen, die aus thermischen Gründen davor nicht möglich waren - aber es bleibt Schokolade. Beispielsweise der Trend zu genaueren Angaben der Provenienzen auf höherwertigen Schokoladen bedient im Kern nur eine Nische; allein durch das Conchieren lassen sich wiederum auch Geschmack und Sensorik erheblich beeinflussen. Aber man bedient sich wie bei Wein oder Tee der Strategie, das Produkt durch Komplexität aufzuwerten.

Jedes neue Produkt lässt sich jedoch im absoluten Regelfall als

- Weiterentwicklung eines bestehenden Produktes,
- abgeleitet aus einem veränderten Prozess für das bisherige Produkt oder
- als Kombination aus bisherigen Produkten

herleiten. (Damit habe ich nur eine Hintertür für eine mögliche Ausnahme gelassen.)

An dieser Stelle klingelt es dann auch bei Finanzdienstleistungen. Hier ist die Produktwelt ähnlich erschlossen. Die Regulatorik ist ein exogener Faktor, der auf Produktentwicklung einwirkt. Dies gilt allerdings für die Lebensmittelindustrie auch (wenngleich dort die regulatorische Front etwas weniger

dynamisch ist) - und im Regelfall dürfte hier in beiden Welten von Weiterentwicklungen der bestehenden Produkte die Rede sein. Schliesslich ist die Motivation, ein bestehendes Produktportfolio für die
Zukunft fit zu machen.

Wenn ich auf meine Bedürfnisse im Umfeld der Finanzdienstleistungen schaue: Am Ende habe ich im
jeweiligen Moment entweder zuviel Geld, zu wenig Geld, ich will Geld bewegen oder ich will Risiken
managen.

Und eine Baufinanzierung, egal ob Hypothekarkredit, Immobilienkredit, Eigenheimdarlehen oder
Baufi*** bleibt ein annuitäres Darlehen mit dinglicher Besicherung.

Auch im Bereich der Finanzdienstleistungen gibt es wenig Innovationen im Sinne von gänzlich neuen
Produkten. Allerdings wird nach meiner Erfahrung grundsätzlich weniger mit Scheininnovationen
gearbeitet wie bei Lebensmitteln, sondern eher mit Produktbündeln und Paketpreisen.

Ob ein Finanzdienstleister als zeitgemäß und modern eingeschätzt wird, hängt daher nicht mit der
Zahl der laufend neu entwickelten und ausgerollten Produkte zusammen.

Der Marktplatz für Lebensmittel ist (gegenwärtig noch) ein physischer, weil die Menschen meistens
sehen und anfassen wollen, was sie kaufen.

Der Marktplatz für Finanzdienstleistungen ist bereits auf dem Weg in die Cloud. Finanzdienstleistungen sind schon immer abstrakt gewesen und Beratung, Verkauf und Lieferung lassen sich problemlos
voneinander trennen. Der Kunde will vertrauen können, erkannt, verstanden, gut beraten werden und
einfache Lösungen, die er versteht und selbst überblicken kann. Nach diesen Kriterien, sowie der
persönlichen Bequemlichkeit und dem Lebensgefühl, trifft er die Entscheidung für seinen Finanzpart-
ner und den Kontaktkanal den er wählt. Und wenn ihm diese Entscheidung leicht fällt und er sie gerne
trifft, dann ist sein Finanzdienstleister modern und zeitgemäß.

Hier ist das wahre Betätigungsfeld für Innovationen in Finanzdienstleistungen. Allerdings sind - wie in
der Lebensmittelindustrie auch - dennoch und zusätzlich regelmäßig Maßnahmen zur Produktpflege
und -verjüngung angebracht und notwendig.

Ja, man muss den Kundenkontaktkanal vom Kunden her denken, aber der erste Schritt ist es zu
akzeptieren und das Selbstverständnis auszuprägen, dass **alles** Geschäft mit dem Kunden ein "Hol-

geschäft" ist. **Das "Antragsgeschäft" ist der Dinosaurier der Finanzindustrie - auch wenn es hier und da nochmal einen gibt, die Zeit ist vorbei.**

Warum scheitern Veränderungen?

"Warum scheitern eigentlich geplante Veränderungen?" Diese und ähnliche Fragen stelle ich mir immer wieder. Klar, es gibt eine ungeheure Fülle an Fachliteratur zu Veränderung, Projektmanagement und Change Management. Mal aus einer Perspektive der reinen Organisationstätigkeit (=Veränderung organisieren), mal aus einer Perspektive der HR bzw. der Personalentwicklung (=Veränderung befähigen). ...

In der Realität ist Veränderung nur zu 1/3 Handwerk. Das lässt Raum für 2/3 Kommunikation. (Spitzfindige mögen anmerken, dass Kommunikation ebenfalls ein Handwerk sei. Dies stimmt jedoch nur bedingt: Kommunikation in der Organisation ist eine Frage der Haltung und ein wesentlicher Führungsbestandteil. Den handwerklichen Part davon hat jeder zumindest zu 80-90% in seinem Leben automatisch mitbekommen.)

Nachfolgend habe ich mir erlaubt - man verzeihe mir den grafischen Dilettantismus - eine Landkarte der Fehlerquellen zu erstellen. (Der Vorteil dieser Darstellung liegt darin, dass man sie ohne weiteres aus dem Gedächtnis im Gespräch reproduzieren kann.)

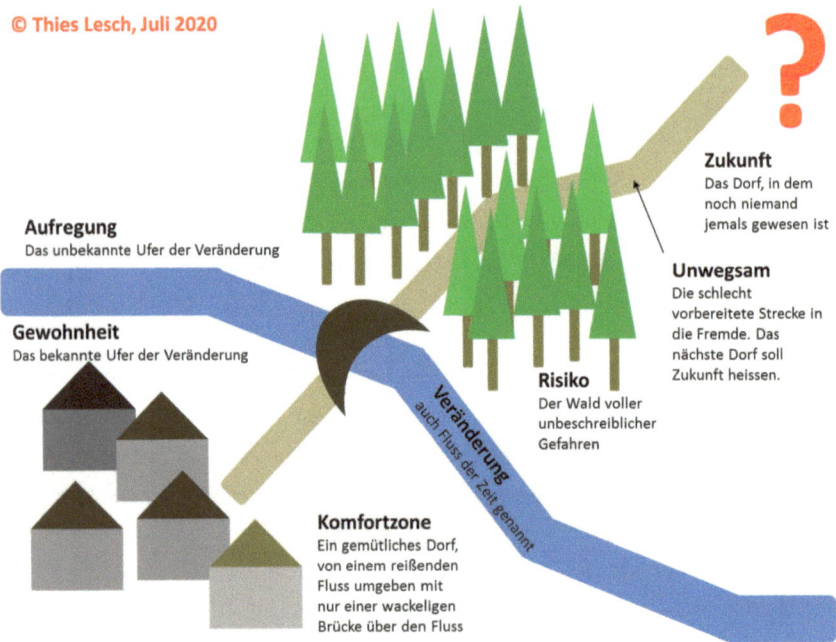

Aufregung
Das unbekannte Ufer der Veränderung

Gewohnheit
Das bekannte Ufer der Veränderung

Zukunft
Das Dorf, in dem noch niemand jemals gewesen ist

Unwegsam
Die schlecht vorbereitete Strecke in die Fremde. Das nächste Dorf soll Zukunft heissen.

Risiko
Der Wald voller unbeschreiblicher Gefahren

Veränderung auch Fluss der Zeit genannt

Komfortzone
Ein gemütliches Dorf, von einem reißenden Fluss umgeben mit nur einer wackeligen Brücke über den Fluss

Abbildung 5 – Fehlerquellen bei Veränderungen

Zu den einzelnen Fehlerquellen:

Komfortzone ("Ich will mein bekanntes Dorf nicht verlassen")

- Die Veränderung ist nicht dringend genug / der Leidensdruck ist nicht groß genug
- Die Veränderung ist nicht attraktiv
- Es geht keiner voran und zeigt, dass es geht
- Der Grund der Veränderung ist nicht klar
- Das Zielbild / die Zielrichtung ist nicht klar
- (eine persönliche Konsequenz des Nicht-Veränderns ist nicht vorhanden oder nur unkonkret)

Gewohnheit ("Ich kann mein Ufer nicht verlassen, weil ich es als Referenzpunkt benötige")

- in meinem Unternehmen spielen Standardprozesse eine große Rolle

- die Arbeitsweisen sind sehr stark reglementiert
- bei Anpassungen der Prozesse müssen ganz wenige arbeiten, aber ganz viele mitreden
- die Fehlerkultur des Unternehmens bestraft Fehler sehr stark
- es gibt keine (richtige) Belohnung für Erfolg oder etwas Neues hinzubekommen
- ich weiß nicht, wieviel Kraft und Ausdauer ich habe - um die Reise bestehen zu können

Veränderung ("Ich gehe nicht über die Brücke")

- ich traue mich nicht über die Brücke, ich habe Angst
- ich glaube nicht, dass die Veränderung Bestand hat = das geht schon vorbei

Aufregung ("Es ist interessant, aber ich werde nicht warm damit!")

- ich fokussiere auf die negativen Aspekte der Veränderung
- ich sehe es als Spielwiese um etwas auszuprobieren, im Kern ist es jedoch nicht ernst gemeint

Risiko ("Es kann so viel schief gehen...")

- ich betone die Vorteile des Status-quo
- ich habe Angst vor dem Scheitern
- ich habe keinen "Plan B" (oder glaube keinen zu haben)
- Was sagen die Anderen, wenn ...?
- wenn ich mich auf den Weg mache, dann habe ich den Status-quo verloren und vielleicht nichts gewonnen
- ich habe mich am Ufer "Gewohnheit" mehr als nur wohl gefühlt

Unwegsam ("Diesen Weg hat niemand für mich gemacht")

- habe ich genügend (intrinsische / extrinsische) Motivation für die Strecke?
- habe ich die Ausdauer für neue Herausforderungen, Umwege und Hindernisse?
- wer oder was treibt mich an?
- habe ich die Kompetenz für den Weg (Kompetenz = Summe aus "Können", "Wollen" und "Dürfen")?
- welche Orientierungspunkte habe ich, dass ich richtig unterwegs bin?

- was ist Ablenkung, was im Kontrast dazu ist Agilität?
- wenn ich mit "Quick-Wins" zufrieden bin, dann reicht mir der Weg und ich werde möglicherweise das Ziel nicht wirklich erreichen
- welche Konsequenz hat ein Stehenbleiben oder ein Abkommen von dem Weg?

Zukunft ("Zu schön, um wahr zu sein!")

- Wie attraktiv ist die Zukunft?
- Wie groß ist meine Belohnung in der Zukunft?
- Ist die Zukunft wirklich so, wie ich sie mir vorgestellt habe?
- Muss ich mich dann auch wieder verändern?
- Was ist, wenn sich die Zukunft auf dem Weg zu ihr verändert und ich den Weg anpassen muss?

Lean Management im Banking

Lean Management ist eine Weiterentwicklung der Lean Production, die ihrerseits die Vermeidung von Verschwendung zum Gegenstand hat. Im Lean Management geht es darum, dass alle Prozesse im Unternehmen der Befriedigung von Kundenbedürfnissen dienen sollen; vereinfacht: wenn der Kunde diesen Prozess nicht benötigt, nicht wahrnimmt, dann ist er überflüssig. Mit Kunde sind jedoch interne wie externe ("echte") Kunden gemeint. Eine gute Definition und Erläuterung bietet die Gründerszene.de[5]

Als ich vor einigen Jahren mit meiner Abteilung eine Lean-Welle durchlaufen sollte (durfte), war mein erster Reflex: "Hey, wir sind kein Industrieunternehmen!"

Der zweite Reflex war: "Warum eigentlich nicht?" Wir stecken so viel Energie in individuelle Problemlösungen, extern wie intern - und ärgern uns hinterher regelmäßig darüber, dass Prozesse oder Schnittstellen nicht funktionieren. Die Automobilbranche ist mit der Plattformstrategie ganz gut gefahren, also macht es schon Sinn, einmal zu schauen was entbehrlich ist oder wo "Wildwuchs" zurückgeschnitten werden kann. (Und bedeuten individuelle Lösungen immer, dass man Produktvariation mit Produktentwicklung verwechseln muss?)

---

[5] https://www.gruenderszene.de/lexikon/begriffe/lean-management?interstitial

Natürlich sind nicht 100% stumpf und immer auf jede Teamsituation anwendbar, aber das Gros schon:

- Zieldefinition, welchen Effekt die Maßnahme für das Team bringen soll
- Sammlung von Schmerzpunkten aus den Teams, um Potenzial und Bedarf für Verbesserungen zu identifizieren
- Systematische Klärung dieser Schmerzpunkte mit den Schnittstellenpartnern und Festlegung von Verantwortlichkeiten (Ergebnisobjekte, Durchlaufzeiten, SLA)
- Erhebung der verwendeten Arbeitszeit in den verschiedenen Teamrollen, um Soll und Ist abzugleichen
- Nutzung von Leanboards für Transparenz im Team (wer arbeitet woran, wo hakt es, wie steht das Team in der Zielerreichung)
- Entwicklung von KPI je Team zur Sichtbarmachung von Erfolgen und Leistung
- Meetings im Stehen durchführen, für mehr Dynamik und kürzere Dauer
- Projektrahmen gibt hohe Aufmerksamkeit auf die Optimierungsfelder und lässt gleichzeitig die Verantwortung für Identifikation und Umsetzung auf der operativen Ebene.
- Wichtig ist die Saat des Gedankens des kontinuierlichen Verbesserungsprozesses (KVP); es fällt allen leichter in Prozessen zu denken und darüber zu sprechen - und so auch weiterhin und nachhaltig an einer fortlaufenden Optimierung zu arbeiten.

Das Leitbild von Lean Management lässt sich also sehr gut auch auf Banken, bzw. Finanzdienstleistungen übertragen. Eigentlich ist es aufgrund seines bottom-up-Ansatzes für sehr komplexe oder abstrakte Organisationen sogar prädestiniert. Lean ist offen und flexibel für Anpassungen - solange man das Ziel und den Leitgedanken im Blick behält.

Qualitätsmanagement im Banking

Ich weiß nicht, ob es für einen Trend reicht, aber ich nehme häufiger war, dass sich Banken und bankennahe Dienstleister für ein zertifiziertes Qualitätsmanagement nach DIN EN ISO 9001[6] entscheiden.

Mir scheint dabei für die Zielsetzung die kommunikative Wirkung im Vordergrund zu stehen - was schade ist, weil es zu kurz springt und in der Wirkung an der eigentlichen Botschaft oftmals vorbei geht.

---

[6] https://www.din.de/de/wdc-beuth:din21:235671251

Ein Qualitätsmanagementsystem (QMS) ist schliesslich kein Beweis für eine besonders gute Qualität der Produkte und Dienstleistungen, sondern für Outputkontrolle und Prozessbeherrschung. Das Ziel eines QMS ist die Vermeidung von Verschwendung und Ausschuss in der Wertschöpfung ("Produktion") und die Eingrenzung der Volatilität in den Eigenschaften von Produkt und Dienstleistung. Keine Vergeudung von Ressourcen und ein Ei wie das Andere - darum geht es.

Die Gefahr in einer Fokussierung auf die Zertifizierung ("damit man was zeigen kann") besteht darin, dass ganze Unterfangen wie eine Art Projekt oder einen Test anzugehen - und damit den notwendigen Kulturwandel zu vernachlässigen. Ähnlich dem Lean-Management geht es auch hier um eine Prozessorientierung und um ein Bekenntnis zum kontinuierlichen Verbesserungsprozess.

Womöglich besteht die wahre Kunst darin, ein QMS zu betreiben und auf die Zertifizierung zu verzichten. Dann machte man es für sich und die Kollegen - und nicht für die interessierte Öffentlichkeit.

Glaubenssätze zu den Niedrig-/Negativzinsen

Seit 5 Jahren beanspruchen die Niedrigzinsen bzw. auch die Negativzinsen unsere Aufmerksamkeit in hohem Maße. Anfänglich war dies ein neues Phänomen, wenngleich sich die Forschung bereits 1896 damit theoretisch beschäftigt hat (Irving Fisher, Appreciation and Interest, in: Publications of the American Economic Association, Vol. XI., No. 4, 1896, New York: The Macmillan Company, Pages 331 – 442), welches betriebswirtschaftlich wie juristisch für Aufmerksamkeit gesorgt hat.

Zunächst war der Glaube sehr ausgeprägt, dass diese Phase nur sehr kurz andauern würde. Inzwischen haben wir uns alle daran gewöhnt und eine gewisse Normalität ist entstanden – aber eben keine wirkliche. Viele von uns haben das Gefühl, die Zinswelt ist so nicht in Ordnung und kann so nicht dauerhaft bleiben. Da zunehmend das neue und auch inhaltlich dynamische aus diesem Themenkomplex entschwunden ist, versuchen wir alle, versuchen die Medien jede Information zu deuten und zu interpretieren, welche Auswirkungen dies auf das Zinsniveau oder sogar auf die Geldpolitik haben könnte.

Es ist ein bisschen wie Flurfunk im Büro: fehlende Fakten werden durch Aufregung ersetzt.

Ich habe für mich einige Glaubenssätze rund um unsere Zinssituation gefunden und finde, sie können einen Beitrag zur allgemeinen Entregung leisten.

I. Die Zinsen werden noch sehr lange niedrig und negativ bleiben

Zu allererst glaube ich daran, dass wir dieses Zinsniveau noch für eine sehr lange Zeit werden ertragen müssen und dürfen. Erinnern wir uns daran, dass der Ausgangspunkt unseres Zinsniveaus in der globalen Finanzmarktkrise von 2008/2009 zu suchen ist und diese Krise mit Zeitverzug dann auf die Realwirtschaft, zumindest vorübergehend, durchgeschlagen ist. In der Folge von Bankenrettung und Wirtschaftsstimulation sind wir in eine europäische Staatsschuldenkrise geschlittert, die dazu geführt hat fehlendes Vertrauen der Marktteilnehmer durch staatliche Liquidität zu heilen und hoch verschuldeten öffentlichen Haushalten mit Methadon in Form von günstigen Kapitalmarktzinsen zu retten.

Viele von uns erinnern sich noch an hohe Nervosität und an die Sorge um den Fortbestand der Eurozone oder gar Europas. Aus dieser Zeit stammte der wohl berühmteste Ausspruch von Mario Draghi „Whatever it takes!" und alles was danach folgt ist noch jüngere Geschichte oder gar Gegenwart.

Leider hat sich die hohe Nervosität und die Angst der Politik nicht in ein politisches Handeln übersetzt und es hat daher auch keine dringend notwendige Reform der Eurozone gegeben. Im Kern macht jeder weiter wie bisher, nur mit dem Unterschied, dass das Geld billiger ist als früher. Das bedeute leider auch, dass die zugrunde liegenden Probleme und Strukturreformen nicht angegangen sind. Sobald die Zinsen beginnen zu steigen, werden sukzessive die Probleme, die zu der Staatsschuldenkrise geführt haben wieder zutage treten und schlagen werden. Eine berechtigte Angst um die Eurozone wäre schnell zurück.

Solange die Eurozone ist wie sie ist, gibt es keine vernünftigen Möglichkeiten Zinsen zu erhöhen ohne die Eurozone selbst zu gefährden. Also werden wir die Zinsen sehr lange so behalten wie sie sind und die EZB wird sich darauf konzentrieren, die Gegenwart schlecht zu reden und die Zukunft verhalten optimistisch darzustellen, damit wir eine normale Zinskurve bekommen – aber eben in Gänze keine Zinserhöhung.

Auch die Initiativen der Staaten und der EU in der Corona-Krise führen zu einer weiteren Ausweitung der Geldmenge und senken das Potenzial für Zinserhöhungen/-normalisierungen.

Im Übrigen findet die EZB ihre Negativzinspolitik auch nicht unerfolgreich[7] (= ECB Economic Bulletin, 14. Mai 2020).

---

[7] https://www.ecb.europa.eu/pub/economic-bulletin/html/eb202003.en.html#toc2

II. Der Negativzins führt zu falschen Investitionsentscheidungen

In der wissenschaftlichen Literatur wird viel über die Lenkungsfunktion und Präferenzfunktion von Zins geschrieben und auch darüber, welche Auswirkungen ein fehlender oder gar ein negativer Zins hat.

Hier möchte ich Abschichten, dass es um zwei Wirkungen geht, die sich jedoch gegenseitig unterstützen. Zum einen werden die Fremdkapitalkosten insgesamt niedriger d.h. die Profitabilität eines Unternehmens verbessert sich allein dadurch, weil es sich günstiger refinanzieren kann. Möglicherweise werden hierdurch Verluste vermieden und ein ansonsten unprofitables Unternehmen kann überleben; in dieser Konstellation spricht man von sogenannten Zombie-Unternehmen. Die andere Wirkung ist die steigende Vorteilhaftigkeit von Investitionen aufgrund eines im historischen Vergleich niedrigeren Kalkulationszinses:

„Vordergründig entstehen zudem aus einem niedrigen Zinsniveau zusätzliche Investitionsanreize, weil sich die Vorteilhaftigkeit in der Investitionsrechnung verbessert. Allerdings kann dies nicht losgelöst vom Nachfrageverhalten der Kunden, bzw. (End-)Verbraucher – also der Zukunftsperspektive dieser Kunden und Verbraucher – betrachtet werden. Das Niedrigzinsumfeld wirkt somit für Unternehmen zunächst attraktiv, tendenziell mehr Fremdkapitalfinanzierungen zu suchen, wobei die Zukunftsperspektive bzw. die erwartete Stabilität als Regulativ wirkt. Jedes Unternehmen wird also sehr gründlich seine Umwelt analysieren, bevor es bereit ist grundlegend seine Finanzierungsstruktur anzupassen." (in Thies Lesch, Negative Zinsen und das Kreditgeschäft - Rechtliche Herausforderungen für Banken in Deutschland, Seite 35, 2017, Wiesbaden: SpringerGabler)

Die beruhigende Botschaft ist, dass ein mittelständischer Unternehmer seine Investitionsentscheidung nicht ausschließlich anhand der Formeln aus einem Kurs für Investitionsrechnung trifft. Vielmehr spielt nicht der aktuelle Zins, sondern die Zinserwartung eine Rolle und insbesondere die Einbettung der Investition in seinen gesamtbetrieblichen Kontext und der damit verbundenen Markterwartung. Ich beobachte ein Investitionsverhalten, das vom Zinsniveau (in beide Richtungen) entkoppelter ist, als uns die wissenschaftliche Literatur und Berichterstattung in den Medien glauben lassen will. Natürlich spielt der Zins eine wichtige Rolle, weil das Zinsniveau und die Zinsentwicklung eine Indikationsfunktion für Konjunktur und Stabilität insgesamt darstellen, gleichzeitig leiten sich aus Zinsniveau und Zinserwartung auch Fremdkapitalkosten und Refinanzierungsrisiken her – aber der Zins spielt ihm auch nicht die alleinige Rolle in der Investitionsentscheidung.

Solange die Wirtschaft glaubt, dass die Niedrigzinsphase nicht ewig dauert, solange wird nicht gezockt, sondern vernünftig investiert. (So lässt sich teilweise trotz perfekter Rahmenbedingungen für Fremdfinanzierungen durchaus auch Investitionszurückhaltung beobachten.)

Fehlinvestitionen aufgrund niedriger oder negativer Zinsen sind eher im öffentlich-rechtlichen Raum zu befürchten, wo die kommerzielle Facette eine Investition keine oder nur eine nachgelagerte Rolle spielt: wenn ich für das Schuldenmachen noch Zinsen bekomme, dann kann ich auch eine unbefahrene Seitenstraße dreimal asphaltieren und hoffen, dafür wieder gewählt zu werden. (Hier trifft die Budget- und Ausgabenorientierung der Kameralistik auf politische Gelegenheiten.)

Zwischen diesen beiden Polen bewegen sich die institutionellen Investoren, die aufgrund ihres Geschäftsmodells oder auch aufgrund ihrer satzungsgemäßen Anlagepolitik zum Handeln gezwungen sind. Sie müssen den Markt abbilden, sie müssen diversifiziert investieren (etc.) und folgen damit eher der Mathematik, wenn andere den Zahn vielleicht auch mal nicht trauen.

III. Wir werden eine hohe Inflation bekommen

In der nachfolgenden (selbsterstellten) Grafik (Basis: EZB / Statista) kann man sehr schön erkennen, dass sich die Bilanzsumme der europäischen Zentralbank seit der Finanzmarktkrise vervierfacht hat. Gleichzeitig haben wir eine dramatisch niedrige Inflation, die mit als Grund angeführt wird, warum die Zinsen so sind wie sie sind.

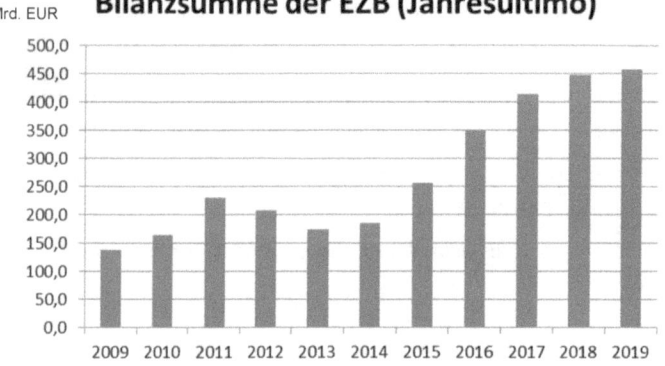

Abbildung 6 - Bilanzsumme der EZB (in Mrd. EUR)

Die Geldmenge M1 ist seit der Finanzmarktkrise jährlich zwischen 6 % und 12 % gewachsen, während in der gleichen Zeit Inflationsrate zwischen 0,0% und 1,5 % lag. Zwischenzeitlich spukte ja auch die Angst vor einer Deflation.

Dieser dramatisch ausgeweiteten Geldmenge stehen aber keine im gleichen Maß gestiegenen Vermögenswerte (Assets) gegenüber. Jetzt mögen die Immobilienpreise (für selbstgenutztes Wohneigentum) nur unterproportional in den Warenkorb zur Bestimmung von Inflation einfließen, aber für diese Anlageklasse haben sich die Preise gewaltig entwickelt (teilweise mehr als verdoppelt). Da Immobilien aber ja Investitionsobjekte sind und keinen Konsum darstellen haben wir hierüber aus Inflationssicht Zeit gekauft. Den doppelt so teuren Immobilien werden perspektivisch auch doppelt so hohe Mieten gegenüberstehen. Denn: Im Verhältnis zu der notwendigen Investition ist der Mietzins ebenfalls auf einem rekordverdächtig niedrigen Niveau. Eine Normalisierung muss spätestens dann eintreten, wenn fremdfinanzierte Besitzer zu anderen Zinskonditionen ihre Finanzierung verlängern müssen - schließlich soll das Investment keine Verluste erwirtschaften.

Ich persönlich glaube nicht, dass es der EZB in absehbarer Zeit gelingen wird die Geldmenge wieder einzufangen und auf ein Niveau zu begrenzen, welches lediglich 50 % - 100 % über dem Vorkrisenniveau liegt. Insofern wird es zwangsläufig zu einem Ausgleich zwischen Geldmenge und Assets kommen.

Die spannende Frage bleibt natürlich in welcher Geschwindigkeit und mit welcher Dynamik tritt eine Inflation ein; hier werden uns sicherlich auf unsere EZB verlassen können, so dass diese Inflation möglichst gleichmäßig und möglichst sanft über uns hereinbricht. Politisch viel brisanter wird die Frage sein, auf welche Weise in den einzelnen Ländern für die abhängig Beschäftigten ein Inflationsausgleich aussehen kann. Wir haben eine gemeinsame Währung, aber keine gemeinsame Wirtschaftspolitik. Hinzukommen Leistungsunterschiede in der Produktivität zwischen verschiedenen Ländern und Standorten die unterschiedliche Niveaus an Inflationsausgleich rechtfertigen werden. Politische Begehrlichkeiten werden einer notwendigen Differenzierung jedoch im Wege stehen und somit steht zu befürchten, dass die kommende Inflation auch einen politischen Sprengstoff in Bezug auf die Stabilität der Eurozone in sich tragen wird.

Mit dem 750 Mrd. EUR Programm als Antwort auf die Corona-Krise wird es nicht leichter - wobei die so (hoffentlich) ausgelösten Investitionen führen zu einer Vermehrung der Vermögenswerte und könnten - trotz parallel ausgeweiteter Geldmenge - die Starrheit in den Preisen lösen und damit sogar auf die Inflation wirken.

IV. Die Bankenkonsolidierung wird beschleunigt

Ja, es ist ganz klar, die Niedrigzinsphase führt dazu, dass das tradierte Geschäftsmodell der meisten (Regional)Banken nicht mehr funktioniert. (Hier „rächt" sich die relative Unabhängigkeit vom Kapital-markt.) Früher wurden auf der einen Seite kurzfristige Einlagen eingesammelt und mit einem niedrigen Zins versehen, um dann dieses Geld auf der anderen Seite vermitteln langfristige Kredite mit einem entsprechenden Aufschlag auszuleihen. Diese Fristentransformation funktioniert nicht mehr. Der eine Grund ist, dass aufgrund des niedrigen Zinsniveaus insgesamt der Abstand zwischen langen Geld und kurzem Geld geringer geworden ist, also das notwendige Gefälle für eine Fristentransformation geschrumpft ist. Die zweite Ursache ist schlicht, dass aufgrund des niedrigen Zinsniveaus auslaufen-de Wertpapiere von Anlegern nicht durch neue Wertpapieranlagen ersetzt werden, sondern vielfach als Liquidität auf den Konten landen, um auf einen besseren Zeitpunkt für eine Wiederanlage zu war-ten. Und letztlich darf nicht vergessen werden, dass die Zentralbanken auch Verwahrentgelt berech-nen für Einlagen über die vorgeschriebene Mindestreserve hinaus. (Wobei die Staffelregelung der EZB aus dem letzten Herbst schon eine Abmilderung der Auswirkungen für die Kreditinstitute dar-stellt.)

Natürlich sind die Kosten für die Refinanzierung schneller gesunken, als die Erträge aus den Krediten auf der Aktivseite - schließlich ist die Refinanzierung überwiegend kurzfristig. Wenn ich allerdings in einem normalen Zinsumfeld auf eine Sichteinlage einen Zinssatz zwischen 0,25 % und 0,50 % zahle, dann ist der Abstand zu 0,00% deutlich niedriger, als der Zinsunterschied zwischen einer Immobilien-finanzierung für 4,50 % zu 1,50 %. Aufgrund der längeren Laufzeiten dieser Finanzierungen dauert der Portfolioumschlag etwas länger; die niedrigeren Zinsen haben sich also sukzessive über 10 Jahre in die GuV der Banken „hineingefressen". Der Rückgang im Zinsüberschuss kann immer weniger über Neugeschäft und zusätzliche Kunden ausgeglichen werden, außerordentliche Erträge aus der Bewer-tung irgendwelcher Positionen werden auch immer seltener und die Bankbilanzen zeigen immer deut-licher wie ernst die Situation der Häuser ist.

Ergänzung: Natürlich haben viele Häuser hinreichend „pfandbrieffähiges Material" in der Schublade, um sich (theoretisch) fristenkongruent zu refinanzieren – die Fragen sind jedoch, 1) erfolgt die Umstel-lung der Refinanzierung rechtzeitig (=zu früh: Chance vertan, zu spät: Marge geopfert) und 2) welche

Preiswirkungen hat es auf den Markt, wenn alle Regionalbanken gleichzeitig Pfandbriefe platzieren wollen, denn die potenziellen Käufer sind bekannt (und bei steigenden Zinsen kaufen nur Institutionelle, die satzungsgemäß kaufen müssen.)

Vor diesem Hintergrund wird es ganz sicher eine beschleunigte und verstärkte Konsolidierung im deutschen Bankenmarkt geben, allein um die Kostenseite redimensionieren zu können. Leider werden Filialschließung, Zentralisierung und Personalabbau allein nicht ausreichen, um die Probleme der Banken zu lösen. Trotzdem bleibt dieses Vorgehensmodell akzeptiert, sowohl von den Eigentümern als auch in der Management Community. Das eigentliche Problem ist, dass die Ertragslage so angespannt ist, dass kaum ein Player heutzutage in der Lage ist, die gewaltigen Investitionen zu stemmen, die in die IT-Landschaft notwendig sind, um sich neu zu erfinden. Ergänzend zu den fehlenden Budgets käme die hohe Komplexität und das vergleichsweise hohe Managementrisiko für Fehlentscheidungen, Budgetüberschreitungen und Zielerreichung, so dass die Hauptbaustelle zudem emotional nicht besonders attraktiv wird. (Von dem notwendigen Zeitstrahl ganz zu schweigen.)

Dieses Szenario spricht dafür, dass sich die klassischen Banken primär auf die vorstehend angedeutete Konsolidierung stürzen werden, um so die betriebswirtschaftlichen Kennzahlen zu optimieren und, dass sich neue Marktteilnehmer primär um eine neue Kundenerlebniswelt bemühen werden. Die neuen Marktteilnehmer profitieren von ihrer geringeren Komplexität und der gleichzeitig fehlenden Legacy-IT. Beiden Welten fehlt jedoch die notwendige Kombination aus Kapitalausstattung und Risikofreude, um den Markt einmal vollständig aufzurollen.

Die unbekannte Variable in diesem Spiel ist die Entwicklung der Kreditrisiken in den Bankportfolien, die Corona-bedingt in den nächsten drei Jahren deutlich ansteigen werden. Die schwache Ertragssituation erlaubt es den meisten Banken in Deutschland derzeit nicht nennenswerte Kreditverluste aufzufangen. Hierdurch kann nochmal eine ganz eigene Dynamik entstehen - und sogar die eine oder andere Überraschung mag dabei sein.

V. Der Euro wird sich verändern

Der fundamentale Fehler in der Konstruktion des Euros besteht unverändert bis heute. Die Gemeinschaftswährung ist ein politisch gewolltes Prestigeprojekt, ein erfolgreich imagebildender Faktor der Währungsunion.

Aber es ist eben nur eine gemeinsame Währung. Es gibt keine vollständig gemeinsame Wirtschafts-politik und es gibt vor allem keine gemeinsame Fiskalpolitik. Der politische Wahlkampf wird ganz oft auf Kosten der Europäischen Union geführt: Parteien, fast jeder Couleur, regen sich über ein hirnloses Brüssel auf und reklamieren Erfolge aus Brüssel für sich. Der politische Wahlkampf wird geführt zwischen die und wir, aber das wir ist immer die Provinz und niemals das große Ganze. Und auch die Währung hat in der bisherigen Form nicht dazu beigetragen große Ganze zu stärken.

Ich glaube man kann relativ schnell darin übereinstimmen, dass der Euro so wie er heute ist, nicht auf Dauer wird bleiben können. Es wird die nächste Schuldenkrise kommen, die nächsten Rettungspro-gramme sind bereits in den Startlöchern und die Geldmenge wächst und wächst und entkoppelt sich damit immer weiter von dem Leben der Menschen.

Ich sehe momentan allerdings keine politische Bereitschaft den Einigungsprozess in Europa zu vertie-fen und auch keine starken Treiber auf der politischen Bühne.

Als Exkurs zu dem 500 Mrd. EUR-Fonds von Macron/Merkel[8] (Eurobonds / Eurobonds-Ersatz): Frank-reich fühlt sich den südeuropäischen Staaten sicherlich stärker verbunden, als die Nordeuropäischen und will vermutlich Akzente setzen und Führungsstärke zeigen. Deutschland hingegen muss die EU besänftigen, damit die eigenen inländischen Rettungsprogramme nicht als Wettbewerbsverzerrung in Brüssel zerlegt werden - insofern dürfte Deutschland auf das Veto der anderen Nordstaaten hoffen. Dies ist also aus deutscher Perspektive eher eine Industriepolitik als eine Europa-/Währungspolitik. (Auch die Steigerungsphantasie der EU-Kommission auf 750 Mrd. EUR wird womöglich an der feh-lenden Einstimmigkeit scheitern und dient somit eher dem Stimmenfang in EU-kritischen Staaten - dann aber auf Kosten der ablehnenden Nationalstaaten.)

Der Brexit hat für sich genommen erst mal nichts mit der europäischen Währung zu tun, aber er zeigt anderen Ländern wie groß oder wie klein die Probleme mit oder ohne Europa sein können. In Italien wird im Wahlkampf immer gern mit dem Feuer gespielt, wenn sich die englische Wirtschaft nunmehr wieder Phönix aus der Asche erhebt oder erheben sollte, dann werden die separatistischen Wahl-kämpfe noch mal deutlich an Schärfe gewinnen. (Durch Corona gibt es gegenwärtig aber "dringende-re" Probleme, so dass - wenn derzeit Kritik geäußert wird, diese an einzelnen Nationalstaaten für ihr

---

[8] https://www.spiegel.de/politik/angela-merkel-und-emmanuel-macron-haben-doch-noch-genug-kraft-fuer-europa-a-00000000-0002-0001-0000-000171037290

Verhalten geäußert wird und nicht an der EU insgesamt. Dies dürfte sich aber in absehbarer Zeit wieder ändern.)

Wenn ein Eurozonen-Land aus dem Euro oder zusätzlich aus der europäischen Union austreten sollte, so wird sehr wahrscheinlich die neue-alte eigene Währung gegenüber dem Euro abwerten müssen. Da die Altverbindlichkeiten gegenüber der Europäischen Union aber in Euro notieren steigt hierdurch sehr schnell und sehr stark die Staatsverschuldung des ausgetretenen Mitgliedstaates an. Hierdurch steigt ganz erheblich das Risiko eines Staatsbankrottes. Jetzt kann die Eurozone dies abzuwenden auf einen Teil der Verbindlichkeiten verzichten, würde damit aber womöglich politisch ungewollte Signale senden. Also ist im Nachgang wahrscheinlich eine anteilige Abschreibung auf eine uneinbringliche Forderung notwendig.

Aus deutscher Sicht könnte man vereinfacht sagen: der Exportweltmeister hat sich politische Risiken eingekauft, um die eigene Währung abzuwerten und damit preisgünstiger auf dem Weltmarkt anbieten zu können und somit noch mehr zu verkaufen als in der Vor-Euro-Vergangenheit. Ob sich das Ganze in Form von einem erhöhten Wohlstand langfristig auszahlt, wird man abwarten müssen. Wenn die Kreditverluste auf uns zukommen, sind die Handelsgewinne in jedem Fall schon lange verfeiert und vergessen.

Mein Fazit

Es steht zu befürchten, dass die Geldpolitik, die eingeführt wurde, um erst die Banken und dann die Staatshaushalte zu retten, maßgeblich dazu beiträgt das soziale Klima in den Mitgliedstaaten zu vergiften und womöglich auch langfristig politisch destabilisierend zu wirken.

Die Immobilienpreise sind gewaltig angestiegen, während sich die Einkommen eher seitwärts bis moderat entwickelt haben. Der Anteil des Haushaltseinkommens der für die Finanzierung einer selbstgenutzten Wohnimmobilie notwendig ist, ist bisher nicht angestiegen. Der damit einhergehende Verschuldungsgrad hingegen schon. Während ich früher eine Wohnimmobilie in 25 - 30 Jahren abbezahlen konnte, sind nunmehr Zeiträume von 40 - 50 Jahren notwendig. Wir reden also über Zeiträume, die nicht mehr im Arbeitsleben eines einzelnen Menschen bzw. einer einzelnen Familie zu bewältigen sind. Wenn diese Finanzierung in 10 oder 15 Jahren zu einer Zinsverlängerung anstehen, dann ist es nicht unwahrscheinlich, dass der neue Zinssatz zu deutlich höheren Kosten für die Familienkasse führt, obwohl bereits ein Teil zwischenzeitlich getilgt wurde. (Und die Entwicklung der durchschnittlichen Einkommen bis dorthin steht in den Sternen.)

Das Ganze geht einher mit einer Perspektive auf eine zunehmend niedrigere Rente bei gleichzeitig steigenden Steuern auf eben diese Renten. Die volle Wucht dieser Entwicklung trägt die Generation die jetzt zwischen 30 und 40 Jahre alt ist.

Nur der Durchschnittsbürger, der etwas erbt wird wahrscheinlich noch in der Lage sein seine Wohnimmobilie vollständig zu entschulden und damit seine Lebenshaltungskosten im Alter zu senken und zu begrenzen. (Ich schaue hier bewusst auf die Immobilie, weil sie ein klassischer Baustein der privaten Altersvorsorge ist und gleichzeitig den größten Hebel bietet, um zum Renteneintritt die laufenden Ausgaben zu senken und sich so dem niedrigeren Einkommensniveau anzupassen.)

Um diese skizzierten Auswirkungen abzumildern, wird die oben erwähnte Inflation notwendig sein! ("Entwertung der Schulden bei Lohn-/Einkommensausgleich.")

Und: die Negativzinsen sind am Ende ein genauso politisches Konstrukt wie der Euro selbst.

Nachwort

Wenn Sie beim Lesen bis hierhergekommen sind, dann haben sie es geschafft. **Herzlichen Glückwunsch und vielen Dank!**

Ich hoffe, Sie haben sich in dem einen oder anderen Beitrag wieder erkannt, konnten für sich eine Idee oder eine Ladung Motivation mitnehmen und freuen sich darauf, bereits morgen mit der Umsetzung zu beginnen.

Vielleicht haben Sie sich an einer Stelle überhaupt nicht wieder erkannt oder sind möglicherweise sogar gänzlich anderer Meinung als ich. Das ist natürlich absolut in Ordnung, denn ich behaupte ja nur, dass sich über solide Erfahrung verfüge und nicht über die einzig möglichen Erfahrungen.

Da dieses Buch aber als Spin-Off zu meinem Blog entstanden ist, würde ich mich sehr freuen, wenn Sie sich die Mühe machen ihre Wahrnehmungen bzw. Einschätzungen unter meinen Beiträgen zu kommentieren. Die Artikel dieses Buches finden sich so oder in einer sehr ähnlichen Fassung auch in dem Blog und lassen sich dort aufrufen.

Selbstverständlich haben Sie auch die Möglichkeit sich dort für den laufenden E-Mail Versand neuerer Artikel zu registrieren.

Ganz besonders freue ich mich natürlich über Themenwünsche und auch ausgearbeitete Beiträge, die veröffentlicht werden sollen und die Sammlung an Wissen und Einsichten vervollständigen.

Ich hoffe, es gibt die Chance dieses Buch auch im nächsten Jahr - quasi als Fortsetzung - zu veröffentlichen und wir können dann auf einen größeren Kreis an Autoren verweisen.

Insofern danke ich besonders Herrn Dr. Jürgen Weimann für seine Bereitschaft für dieses Buch bereits im frühen Stadium mit einem Vorwort sein Vertrauen auszusprechen.

Wir sehen uns.

Auf: https://vertriebsmanagement.blog

Thies Lesch, Hamburg im November 2020

Abbildungsverzeichnis

Zeitfracht Medien GmbH
Ferdinand-Jühlke-Straße 7
99095 Erfurt, Deutschland
produktsicherheit@kolibri360.de